9788527305105

O Lírico e o Trágico em Leopardi

Coleção Debates
Dirigida por J. Guinsburg

Equipe de realização — Revisão: Plínio Martins Filho e Dainis Karepovs; Produção: Plínio Martins Filho.

Esta obra foi publicada
em co-edição com os "Istituti Italiani
di Cultura" no Brasil,
de Brasília, Rio de Janeiro e São Paulo
e o Instituto Ítalo-Brasileiro de São Paulo.

À minha sempre Mestra

    da vida na escola,
    Dra. Maria Luigia Magnavita Galeffi

    na escola da vida,
    Gina

Meu agradecimento ao

Professor Eduardo Portella
pelo incentivo e pela confiança
de sua amizade fraternal

helena parente cunha
O LÍRICO E O TRÁGICO EM LEOPARDI

EDITORA PERSPECTIVA

Copyright © Editora Perspectiva S.A. 1980

Direitos reservados à
EDITORA PERSPECTIVA S.A.
Av. Brigadeiro Luís Antônio, 3.025
01401 São Paulo Brasil
Telefone: 288-8388
1980

SUMÁRIO

Apresentação — *Alberto Del Pizzo* 9
Prefácio — *Paulo Rónai* 13
Notas prévias 15

Primeira Parte: O LÍRICO E O TRÁGICO NO
TEMPO DA LINGUAGEM

1. O pessimismo na problemática dos *Canti* 21
2. A unidade temática 25
3. O tema e o contexto 31
4. A concepção dos gêneros segundo Staiger 39
5. O lírico e o trágico na temática dos *Canti* 43

Segunda Parte: O SILÊNCIO DO CANTO

1. O entusiasmo das canções patrióticas 49
2. O arrefecimento do ardor 54
3. O trágico do mistério 58
4. A nostalgia da Idade de Ouro 63
5. O infinito do "Infinito" 65
6. Os cantos da solidão 68
7. O "ressurgimento" da ilusão 74
8. O motivo da jovem morta 76
9. Colóquios com a lua 83
10. O vazio existencial 88
11. O amor ao Amor 91
12. A síntese na morte 99

BIBLIOGRAFIA 107

A abundantíssima literatura crítica italiana sobre Giacomo Leopardi — obstaculada no começo pela incompreensão de muitos contemporâneos do poeta, desviados no seu julgamento pelo peso das suas posições morais e ideológicas, ora de tendência católica, ora liberal-democrática — foi iniciada por uma rigorosa linha de interpretação poética pelo grande crítico romântico Francesco de Sanctis.

De Sanctis, sem excluir da complexa personalidade leopardiana uma interpretação mais ampla e abrangente, reconheceu, na vocação idílica e contemplativa, a mais autêntica natureza do poeta e indicou o ponto culminante de sua obra nas composições, todas elas escritas em Recanati, nas quais a personalidade de Leopardi se manifesta em uma natureza esquiva e solitária, vertendo o sentimento numa imediaticidade livre de toda preocupação doutrinária e filosófica.

Nesta posição, que separava nitidamente as razões do coração das do intelecto, a crítica italiana posterior insistiu longamente, tendo sido reforçada pelas conclusões mais restritivas de Benedetto Croce, que, em 1923, confirmou a rígida recusa das partes didascálicas e oratórias. Croce indicou, mesmo em episódios isolados (e, portanto, com um corte fragmentário), a substância da poesia leopardiana nas líricas e nos trechos de mais pura intensidade emotiva, com absoluta exclusão dos momentos reflexivos e das estruturas racionais.

A partir dessa avaliação, que dominou incontestada, consagrando a fórmula "Leopardi, poeta do idílio", ficavam de fora não só as canções patrióticas e civis da juventude, mas também a produção do último Leopardi, isto é, a que compreende os poemas escritos nos sete anos entre a partida definitiva de Recanati (1830) e a morte, ocorrida nos arredores de Nápoles (1837).

A grande reviravolta dos estudos leopardianos na Itália foi determinada por Walter Binni em 1947, com o ensaio *La nuova poetica leopardiana*. Este livro e numerosos ensaios sucessivos do mesmo autor davam em definitivo um novo curso à avaliação da personalidade do poeta, dirigindo a atenção para a lírica dos últimos anos, em que Binni observa, ao invés de um exaurir-se, um desenvolvimento e um enriquecimento bem como a prova de um empenho apaixonado e combativo, de uma tensão moral que se acrescenta à poesia dos idílios e lhes dá uma outra dimensão, uma plenitude humana incomparavelmente maiores.

Paralelamente, outros estudiosos como Cesare Luporini, Sebastiano Timpanaro e, depois, Bruno Biral, empenharam-se numa reavaliação do pensamento leopardiano, examinando-o na sua gênese entre a crise do iluminismo e o novo clima romântico europeu. Esses críticos consideram o pensamento filosófico de Leopardi um elemento indispensável para a plena valorização da sua personalidade e da sua poesia, a qual, por isso, tende agora a ser colocada não mais sob o signo do idílio, mas de uma heróica revolta e de uma indômita luta, conduzida com uma soma de energia que jorram de posições ao mesmo tempo sentimentais, morais e intelectuais.

Helena Parente Cunha, neste ensaio leopardiano que se publica para os leitores de língua portuguesa, embora circunscrevendo a sua atenção a Leopardi poeta, certamente não ignora esta longa inquietação da crítica em torno do maior poeta italiano moderno e leva em conta estímulos e sugestões dali advindos, porém se move com liberdade, fora dos limites dessa linha, na medida em que se entrega confiante à sua experiência de estudiosa e, ao mesmo tempo, à sua sensibilidade de poeta. A autora aplica na análise o método de "leitura poética", já experimentado por ela com sucesso em outros estudos e nos dá uma interpretação sugestiva e original, enquanto, por sua vez, se esquiva dos marcos impostos pela crítica de cunho crociano.

Já o título conferido ao ensaio, *O lírico e o trágico em Leopardi*, nos diz que Helena atribui à poesia leopardiana conotações que não se podem reconhecer nas interpretações tradicionais do poeta idílico, inteiramente voltado para a reelaboração da memória, numa absorta contemplação apartada da vida. O presente estudo põe em destaque o tragicidade de uma situação que está longe de se aplacar num equilíbrio sem tempestade nem abalos, mas, ao contrário, se acha continuamente atormentada por esta incessante luta para "recompor o mundo desmoronado" e pela angústia do mistério que pesa sobre o destino humano; situação inteiramente voltada para aquele desafio ao desconhecido e à morte, na impávida contemplação do Nada que preside imóvel ao nosso nascimento e à nossa morte.

Helena Parente Cunha não é iniciante nos caminhos da literatura italiana. Depois de haver realizado estudos de especialização na Itália, obteve o título de Doutor em Letras Italianas, na Faculdade de Letras da Universidade Federal do Rio de Janeiro, quando era coordenador dos Cursos e Pós-Graduação o crítico Eduardo Portella.

Helena ocupou-se com vários autores italianos em traduções, conferências e ensaios publicados em jornais e revistas, como o recente "Beatriz, o mistério do Ser" (*Revista Tempo Brasileiro*, n.º 57), além de ter traduzido

Il fu Mattia Pascal de Luigi Pirandello para a Coleção dos Prêmios Nobel de Literatura. Entre os vários trabalhos críticos de sua autoria, citamos o livro *Jeremias, a palavra poética*, uma leitura de Cassiano Ricardo e os ensaios "Os gêneros literários", no volume *Teoria literária* de Eduardo Portella e outros autores e "Convivência maneirista e barroca em Gregório de Matos", no volume *Origens da literatura brasileira*.

Helena Parente Cunha lançou os livros de poemas *Corpo no cerco* (vencedor do Primeiro Prêmio de Poesia da Secretaria de Educação e Cultura do Rio de Janeiro em 1968) e *Maramar*. Seus contos que obtiveram o primeiro lugar no Concurso de Contos do Paraná em 1978, fazem parte da coletânea recém-publicada, *Os provisórios*.

Ao dedicar este seu estudo aos *Canti* de Leopardi, a autora quis aplicar a sua experimentada sensibilidade de leitora e de cultora de poesia a um dos escritores italianos mais apaixonadamente estudados nestes últimos anos pela crítica italiana, que nos famosos poemas encontra profundidade novas e novas vibrações, até agora deixadas escondidas ou negligenciadas.

Alberto Del Pizzo
Diretor do Istituto Italiano di Cultura
do Rio de Janeiro

PREFÁCIO

A autora do presente trabalho está colhendo neste momento os frutos de várias semeaduras. Ganhadora de concursos, colecionadora de títulos universitários, vê publicados no mesmo ano, coisa rara, e saudados pela crítica, um volume de contos originalíssimos, *Os Provisórios*, com que renova a noção do tempo na ficção, outro, de versos de diáfana beleza, *Maramar*, em que palavras e silêncios se equilibram magicamente, e um terceiro, este ensaio, que nasceu como tese universitária (num concurso a que o signatário destas linhas teve o prazer de assistir na qualidade de examinador). Mimado pela qualidade do seu verso e de sua ficção, o leitor não será decepcionado pela da sua ensaística.

Na primeira parte do livro persiste mais o caráter de tese, lá onde ela procede à aplicação de teorias alheias à matéria viva de uma obra poética das mais importantes. Aluna inteligente de mestres bem assimilados, Helena Parente Cunha usa-lhes os métodos, e também a linguagem, numa análise *in anima nobili*.

Sem menosprezar essa parte, prefiro-lhe a segunda, em que a autora aborda uma após outra as poesias de Leopardi, tão mal conhecido entre nós e de cuja leitura se pode derivar extraordinário enriquecimento íntimo. Essa poesia, surgida de abismos dolorosos, duramente vivida e sofrida, desenrolado por assim dizer em volta de um tema único, intemporal em suas peças mais perfeitas, constitui o protesto, e o mais belo, mais angustiado contra o destino humano.

Bem percebe a nossa ensaísta que as fortes emoções que ela nos comunica não são devidas à novidade dos conceitos. Leopardi renova os lugares-comuns eternos do pessimismo: a vida é breve, o tempo passa rápido, nossas alegrias não passam de ilusões, a felicidade é uma quimera, é-nos vedado penetrar o sentido da existência, a natureza, em vez de ser nossa mãe, é nossa madrasta. Pois o que grava em nós tais truísmos com tão forte relevo — segundo a nossa crítica sabe mostrá-lo — é o dom misterioso da expressão: o tom e a música da voz, o halo da palavra, a arrumação da frase.

Le stagioni morte, noutro poeta qualquer, seria apenas uma pálida metáfora; *le morte stagioni,* em Leopardi, atinge em nós as raízes do ser. Existe aí uma alquimia que tira dos materiais mais anódinos amálgamas multicores e palpitantes; simples pronomes, como *questo* e *quello* apontam para algo além, ajudam-nos a entrevermos a idéia platonícia das coisas.

Poeta ela mesma, Helena impôs-se a tarefa de acompanhar de perto esse trabalho milagroso da linguagem, que ela identifica com a própria realidade. E graças a uma sensibilidade particular, alcança resultado raramente atingido em trabalhos deste gênero. Enquanto vai desmontando acuradamente o mecanismo da criação de uma grande obra poética, desperta em nós o desejo de conhecer mais e melhor uma das figuras mais altas da poesia de todos os tempos.

Paulo Rónai

NOTAS PRÉVIAS

Poucas obras poéticas manifestam a realidade do homem com o vigor dos *Canti* de Giacomo Leopardi. Compreende-se a atração permanente que essa coleção de poemas vem exercendo sobre os estudiosos, incansáveis na busca de um maior aprofundamento de sua inesgotável riqueza.

Uma vez que a obra já constituiu objeto das mais argutas especulações, pareceu-nos, inicialmente, que nosso trabalho nada acrescentaria ao muito que já fora dito sobre o poeta. A fim de evitarmos o risco da redundância, decidimos optar por uma interpretação à luz de um novo conceito de literatura, o de Eduardo Portella e de uma não menos revolucionária teoria sobre os gêneros literários, a de Emil Staiger.

Seguindo a teorização de Eduardo Portella, estabelecemos uma diferença fundamental entre a linguagem do enfoque lingüístico ou semiótico, que é a faculdade do homem para exprimir seus estados mentais através da língua, e a linguagem entendida como fonte de toda e qualquer realidade.

Verificamos que os *Canti* se organizam dentro de uma sólida unidade, na urdidura de seus temas e motivos, convergentes para um tema único — a (des)ilusão.

O nada onde desembocam a ilusão e a desilusão não se mostra, na criação poética, o aniquilamento da formulação teórica. Sentimos aí a plenitude do Ser, encoberto no seu mistério. A ignorada força propulsora do universo, e que, para Leopardi, condena os mortais ao sofrimento, será identificada à Linguagem. Sob este aspecto, veremos que a Linguagem, além de energia que move o canto, é também seu tema.

Admitindo o princípio de Emil Staiger de que nenhuma obra se realiza integralmente num só gênero, ao lado da essência lírica, constatamos a presença do trágico, num oscilar permanente, de um extremo ao outro, em toda a obra. No clima lírico, dá-se a fusão afetiva do eu com os entes, no trágico, o eu se distancia para julgar e questionar, ocorrendo a explosão de um "mundo", o da ilusão. Justificaremos a dinâmica do lírico e do trágico no tensionamento entre a ilusão e a desilusão.

É no mundo trágico da desilusão que o eu poético indaga sobre os porquês do homem e do seu sofrimento. O mistério do Ser constitui o elemento central do universo poético de Leopardi, germe fecundante da problemática dos *Canti*. A questão do homem. O trágico existencial.

O encaminhamento de nosso trabalho consta de uma parte em que nos referimos aos postulados de Portella e Staiger, sobre os quais baseamos nossa interpretação, apoiando-nos ainda no depoimento de outros autores. Na segunda parte, tentaremos demonstrar o que afirmamos teoricamente, focalizando os textos que nos pareceram mais significativos para comprovar nosso ponto de vista.

O estudo dos poemas não obedece necessariamente à

seqüência cronológica nem à disposição feita pelo poeta, porquanto visa a um agrupamento em função da afinidade do sentimento inspirador.

Segundo Eduardo Portella, a poética totalizadora não pode ignorar a força da Linguagem, devendo ocupar-se da Poesia em todos os seus níveis, indo além da estruturação verbal. Faremos então uma abordagem do texto poético ao nível da língua e também ao nível da Linguagem, força sobredeterminante de toda realidade e, por conseguinte, das estruturas lingüísticas. Sentiremos, no silêncio do canto, elevar-se a voz altíssima da Poesia que integra o poema de Giacomo Leopardi.

Veremos que um estudo sobre os *Canti* abre-nos uma perspectiva para a condição do homem, em luta contra suas limitações, impelido pela necessidade de escapar da contingência e ingressar na totalidade indecifrável, o Nada do Ser.

Retrato de Giacomo Leopardi

Primeira Parte: O LÍRICO E O TRÁGICO
              NO TEMPO DA LINGUAGEM

> Da minha idéia do mundo
> Caí...
> Vácuo além de profundo,
> Sem ter Eu nem Ali...
>
> (Fernando Pessoa)

1. *O pessimismo na problemática dos* Canti

Entre os grandes poetas da "dor mundial" figura o nome de Giacomo Leopardi, caracterizado pelo irremediável pessimismo, um dilaceramento íntimo, que extrapola do egocentrismo individualista e da problemática romântica, para uma dimensão humana e universal. A base do pensamento e do sentimento do poeta italiano repousa no pessimismo desolado, que afirma a infelicidade inevitável do homem, imposta pela natureza insensível, que "Madre è di parto e di voler matrigna".

O mistério da dor constitui o núcleo de todos os problemas, levando Leopardi a passar do ceticismo gnosiológico ao agnosticismo metafísico.

Muito se debateu sobre a validade do pessimismo leopardiano nos moldes de uma doutrina filosófica, tendo-se aproximado a concepção do poeta à doutrina de Schopenhauer. Francesco De Sanctis incumbiu-se de divulgar o parentesco, no diálogo "Schopenhauer e Leopardi", cuja profundidade e concisão mereceram aplausos de Croce e, anteriormente, até mesmo de Schopenhauer, que não escondeu a surpresa em verificar seu pensamento tão bem assimilado. De Sanctis conjugou a poesia do sofrimento de um à metafísica da dor do outro.

Segundo o filósofo alemão, a vontade, ou melhor, o *wille* não é função do intelecto, mas instinto cego, inconsciente, que obriga a agir e dá às coisas a força de existir. A vida é mal, pois "querer" viver significa abandonar a liberdade e aprisionar-se nos limites do espaço e do tempo, onde o *wille*, como infinito, não se satisfaz, retornando a si mesmo com a morte, que assinala o fim da dor. De Sanctis identifica o *wille* ao "brutto poter che ascoso a comun danno impera", sob as vãs aparências do mundo. Em ambos, trata-se do mesmo princípio, isto é, um "poder cego e maligno", que governa o homem e o universo.

Posteriormente, o próprio De Sanctis reconheceu em Leopardi a carência das qualidades peculiares a um engenho filosófico, por não ser dotado de força especulativa e metódica capaz de fazer nascer um sistema, faltando-lhe a intuição do geral e da lei.

Croce, a propósito do valor atribuído a Leopardi como "Sommo pensatore", digno de figurar na história da filosofia, graças a seus argumentos e doutrinas, procurou demonstrar que toda a atividade especulativa não passava de reflexo dos sofrimentos individuais e acenou para um movimento passional, originário do pseudopensamento filosófico, estribado no pessimismo.

O movimento passional e a força do sentimento, incompatíveis com a sistematização filosófica, presidem a composição dos *Canti*. Para Fubini, até as conclusões da longa meditação de Leopardi entram na poesia mais pelas ressonâncias sentimentais que suscitam do que pela sua pureza conceitual. O ideal perseguido pelo poeta de Recanati, na composição dos cantos, é o de fazer falar, na sua pureza primitiva, a voz do coração.

Se o sentimento debilita a sistematização do pensamento, nem sempre, todavia, consegue manter elevado o tom poético. Parece-nos pertinente a tendência que se generalizou entre muitos críticos para minimizar o valor dos poemas de Leopardi onde o caráter reflexivo mais se patenteia, justamente porque aí se mascara a pureza emocional e a imaginação perde a força criadora. Tal ocorre em certos momentos descritivos e, às vezes, em praticamente toda uma composição, como "Al conte Carlo Pepoli" e "Palinodia al marchese Gino Capponi", cujas áridas reflexões se distanciam da inspiração de outros cantos.

Croce rejeita a significação poética de tudo que, em Leopardi, assume o tom oratório e didascálico, efeito comum nos momentos de polêmica ou ceticismo, valorizando o que brota da limpidez da fantasia e da comoção da alma, do sentimento sem contrastes e entregue à vibração do amor, da esperança e do sonho.

Na nossa opinião, também os momentos de ceticismo e conflito podem assumir profunda significação poética, quando dinamizados pela força criadora do imaginário. Em Leopardi, o ímpeto do sentimento mostra-se permeado do doloroso pessimismo até mesmo nas composições que enaltecem a beatitude paradisíaca do homem e do mundo.

Este acento angustiado levou Schopenhauer a elevar o nome de Leopardi, ao lado do seu próprio e do de Byron, entre os detentores da palma do pessimismo do século.

A visão de Leopardi que confere ao homem um sofrimento inevitável, imposto por uma lei cega, não conseguiu dissociar-se do extravasamento do eu lírico, vítima da mais pungente amargura jamais expressa em tão elevada linguagem poética.

Talvez por isso a história íntima do poeta tenha sempre despertado a curiosidade dos críticos, muitos dos quais orientaram seus estudos nessa direção.

De Sanctis, uma das expressões máximas das exigências do Romantismo, transferindo para a crítica literária as aspirações individualísticas da época, imprime uma direção psicológica (e histórica) aos seus estudos sobre Leopardi, numa necessidade de unir o poetar à biografia psicológica e patológica. Até hoje, as questões principais concernentes a Leopardi foram, no fundo, intuídas por De Sanctis. Assim, muitos críticos partiram da premissa de conciliar o dado biográfico ao estético, numa relação de reciprocidade entre a dor da pessoa e o desespero do mundo poético.

Na longa carreira da indagação psicológica da obra poética de Leopardi, subsistiu a interpretação do pessimismo como conseqüência do contraste entre a atividade lógica da razão filosófica que nega a vida e o sentimento que a afirma. A obra poética seria produto dessa luta, comprovada nos textos em prosa, de cunho mais ou menos íntimo.

É do consenso geral que as obras em prosa, *Pensieri, Operette morali, Zibaldone,* além de revelarem a cultura, a formação e o desenvolvimento do pensamento leopardiano, oferecem subsídio indispensável ao aprofundamento das idéias e sentimentos da lírica. Tornou-se comum depreender da prosa as oscilações e incoerências geradoras do conflito entre a razão e o sentimento, contradição fundamental onde se localiza a vida e a fonte da poesia de Leopardi, segundo a opinião de muitos.

Sem intenção de desdenhar a indiscutível importância da obra em prosa, não pretendemos, todavia, associá-la ao nosso estudo sobre os *Canti*, a fim de evitar considerações a propósito das diferenças entre a realidade manifestada num e noutro campo. A atitude reflexiva da produção em prosa, por mais que venha filtrada pelo sentimento dominador, difere da que ocorre no poema. Por certo aí se apresenta a atividade lógica, mesmo porque toda estruturação lingüística oscila entre as funções intelectiva e emotiva da linguagem. Mas o dado imaginário confere ao poema uma dimensão plurívoca que propicia uma interpretação mais vasta do que o conteúdo significativo extraído de outros textos. Sem dúvida, o pensamento que sustém a prosa leopardiana fornece o lastro em cima do qual se organizam os *Canti*, porém neles vêm tensionado com o imaginário, num conjugado sintético que ultrapassa os dois fatores.

Eduardo Portella retoma o conceito da *mímesis* aristotélica e o desagrava da pecha de imitação, encaminhando-o no sentido de desrealização do real para a criação de nova realidade. Se toda produção poética opera uma desrealização e se liberta, pelo imaginário, do real concreto, o poema de Leopardi desrealiza seu pensamento teórico e funda nova realidade, que não é mais apenas a simples abstração lógica nem o puro vôo imaginário. Segundo Portella, a desrealização da *mímesis* "tem por propósito criar todo um mundo de possibilidades ou alternativas que a experiência concreta encobre"[1].

Esse mundo de possibilidades que se conexiona à plurissignificação inerente ao discurso poético, nos oferecerá uma nova dimensão do *nulla* fatal que, na concepção teórica, corresponde ao vazio. Veremos que, na verdade poética, o *nulla* se transforma em plenitude.

Pretendemos localizar nossa indagação somente no texto poético e na força que o anima, a Linguagem. A "crudel possanza" da natureza madrasta é a incógnita força de tudo que existe. Portanto a energia produtora dos *Canti* é nada mais nada menos que a Linguagem. Seu mistério gera o pessimismo que, por sua vez, funda o núcleo da inspiração leopardiana e de toda a sua problemática.

O mistério da Linguagem, por não caber no espaço da língua, se desespacializa para instituir o espaço do canto de Leopardi, aberto à totalidade do real.

2. *A unidade temática*

A coluna dorsal em que se apóia a construção dos *Canti* pressupõe uma contraposição fundamental, que tanto influiu na mentalidade romântica: civilização *versus* natureza.

Para Leopardi, o estado natural corresponde ao tempo feliz, quando o homem vivia alimentado de sonhos, livre e inocente, em contato com a natureza benévola. A civilização decompõe a pureza desse estado por meio da razão deletéria que, ao macular a ingenuidade primitiva, ergue o mundo prosaico da verdade amarga e do sofrimento, inexistentes no encantamento edênico. Então a natureza se transforma na força inimiga que condena os homens ao mal. Em outras palavras, o progresso destrói a ilusão e provoca a desilusão.

Ora, o tema "aquilo de que se fala" nos *Canti* é o conflito da ilusão e da desilusão, num despedaçamento

---

1. PORTELLA, Eduardo. *Teoria da comunicação literária*. 2. ed. Rio de Janeiro, Tempo Brasileiro, 1973. p. 25.

do eu poético entre os dois pólos. Praticamente todos os autores que estudaram Leopardi destacaram a importância das ilusões, denominadas pelo poeta "felici errori", "belle fole", "beate larve", "giovanile error", "lieti inganni", "felici ombre", "ameno error", "fraudi", "molle pristino velo", "antico error", "dilettosi errori", "error beato", "possente error", "cari inganni", "gentili errori", "dilettosi inganni".

Toda a temática oscila neste movimento pendular: fuga da ilusão com o irrefreável anseio para detê-la e a tentativa, tantas vezes provocada e tantas vezes frustrada, de restaurar o encantamento desfeito. Daí a variação dos estados de ânimo, desde o desespero até à beatitude. Nos momentos em que a ilusão se refaz, o canto se alarga, no deslumbramento da posse de um bem sem igual. Quando a desilusão se instala, a voz se contrai num espasmo de dor.

No dinamismo da obra, não é possível dissociar os dois termos, que convivem em tal relacionamento que um depende do outro, mesmo se não explicitamente. Podemos dizer que a ilusão é a desilusão se iludindo. Ou a desilusão é a ilusão desiludida. Evidencia-se a unidade dos *Canti,* estruturados em torno do tema único da (des)ilusão.

Não podemos excluir da unidade temática nem mesmo uma composição como a "Palinodia al marchese Gino Capponi", em que Leopardi ironiza as esperanças dos homens do seu século, em tom polêmico. O amargo sorriso às tolas ilusões é um protesto contra a civilização que deturpou os valores naturais que deveriam suster a humanidade.

Até em "La ginestra", onde o poeta subverte seu conceito da civilização corruptora da bondade natural, afirmando que a sociedade surgiu por necessidade dos homens se defenderem contra a natureza inimiga, verificamos a persistência do tema dominante. A inversão dos termos não altera a situação do homem, abandonado à desilusão de um sofrimento sem justificativa, movido pelo poder cruel da "dura nutrice". O fato de Leopardi querer rasgar o último véu da ilusão, não a elimina do canto. Nem o tom aparentemente calmo disfarça o travo da desilusão ante o "mal che ci fu dato in sorte".

A ilusão se associa ao passado, individual ou da humanidade, onde nascem os temas da esperança e do sonho, da glória e do heroísmo. A desilusão é o tempo da verdade cruel, do presente e do progresso, da idade adulta e da velhice, que lança as criaturas na dor e nas indagações sobre os porquês da dor. Na espessa rede temática, a tortura desencadeada pelo misterioso poder maligno da natureza, se enlaça ao desespero da desilusão.

Poderíamos resumir os grandes temas leopardianos no quadro abaixo:

juventude
esperança
felicidade
natureza benigna
amor
recordações
idade antiga
passado
glória
heroísmo
sonho
inocência

ILUSÃO

verdade amarga
sofrimento
tempo presente
civilização
idade adulta
velhice
tédio
ócio
destino
natureza madrasta
solidão
revolta
mistério
razão
morte

DESILUSÃO

Se partimos do grande tema da (des)ilusão para as nossas considerações posteriores, cumpre esclarecer que não o isolamos da totalidade do fenômeno literário. Trata-se, por certo, de um elemento articulador, não "como dado externo que passa ao largo da criação", segundo argumenta Eduardo Portella, mas integrante da tensão constitutiva da obra.

A construção literária é uma estrutura complexa cujos diversos elementos componentes não se podem considerar isoladamente em si mesmos e sim na reciprocidade das suas relações. Quando se privilegia um elemento em detrimento do outro, fragmenta-se a totalidade da obra.

Nossa intenção não consiste pois em focalizar o tema como dado setorial, separado da totalidade dos *Canti*, mas tomá-lo na sua qualidade de núcleo organizador da produção poética, estreitamente relacionado aos demais elementos componentes.

Eduardo Portella entende o fato literário no movimento vivo da obra, "alimentado pela tensão dialética dos estratos reais e irreais que se dão por igual numa estrutura coesa"[2]. Já que as esferas do real empírico e do irreal integram a experiência humana, não as podemos dissociar.

A tensão dialética desses dois estratos se dinamiza na própria temática dos *Canti*: a dimensão do irreal ou imaginário se configura nas ilusões dos "cari inganni" e a do real concreto, na desilusão do "apparir del vero". Através da síntese de ambos, se revela o real, entretanto, o real não nos é dado diretamente e sim sua estrutura proporcionada pela Linguagem, a misteriosa força de tudo que existe:

A *linguagem*, como a entendemos, é a fonte de toda e qualquer realidade; é precisamente a realidade mais livre, a menos restrita, a mais aberta. Por isso ela não se esgota e a sua luz ilumina todo o percurso criador do homem. O que acontece é que, por viver uma vida esquiva, escondida dos refletores da ribalta, o espectador desatento ou utilitarista não é capaz de enxergar a sua luminosidade congênita. Porque a *linguagem* não é uma coisa que se diga; é a força do que se diz[3].

A Linguagem não é coisa que se diga, por não poder objetivar-se no signo lingüístico, mas se manifesta de modo superlativo no discurso literário, constituindo a energia que leva o poema a se abrir à totalidade do real.

Manuel Antônio de Castro comenta, com muita propriedade, o trabalho do poeta no afã de expressar, através da língua, a almejada verdade:

E esta tensão entre a língua e a linguagem é a tensão existencial do escritor. O escritor tem uma matéria a trabalhar: a

2. PORTELLA, *op. cit.*, p. 23.
3. PORTELLA, Eduardo. *Fundamento da investigação literária*. Rio de Janeiro, Tempo Brasileiro, 1974. p. 74.

palavra. Com ela, ele revela a verdade, mas esta verdade, como em Édipo, mostra-se insuficiente e aparente[4].

A fim de exprimir o inexprimível, o poeta sonda as palavras e revolve a língua, cria imagens e inventa figuras, no entanto, conforme pondera Manuel Antônio de Castro,

> toda metáfora, todo símbolo ainda é símbolo de, e, portanto, ainda não é o que o artista busca desesperadamente: a linguagem, o que é, o Ser[5].

Por certo, ninguém mais que o poeta se acerca do Ser, porém a palavra nunca o atinge inteiramente. Diante das portas cerradas do indevassável, que não cede à representação do depauperado signo, o escritor tenta romper os entraves da significação, despedaçando as estruturas lingüísticas, sem conseguir atingir o além-signo. A glória do escritor é o fracasso da palavra. E o fracasso da palavra é a angústia do homem.

O pessimismo que inspira os *Canti* decorre da impossibilidade em desvendar o mistério da força que rege o universo e o destino da humanidade. A Linguagem, a "casa do Ser", como diz Heidegger. Se o arcano poder parece a Leopardi condenar o homem ao sofrimento é muito mais por seu caráter oculto do que maligno. O sofrimento vem muito mais do mistério da força do que da força no seu mistério.

Emmanuel Carneiro Leão, no fecundo ensaio "A poesia e a linguagem", utiliza a metáfora da clareira e da Floresta para explicar a tensão entre a língua e a Linguagem. Já que a clareira vem dada pela ausência da Floresta, a Floresta é o *nada* da clareira: a Linguagem é o *nada* da língua.

> Só pode haver a suspeita da não clareira enquanto a Floresta, retraindo-se como nada, deixa a clareira clarear-se como tudo[6].

Portanto, só haverá a suspeita da não-língua quando a Linguagem, ausentando-se como nada, ilumina a língua como tudo. Para Carneiro Leão, "ser poeta é se deixar

---

4. CASTRO, Manuel Antônio de. O enigma é. Capitu ou Dom Casmurro? *Tempo Brasileiro*, Rio de Janeiro, 33/34: 91, 1973.
5. *Ibidem*, p. 96.
6. CARNEIRO LEÃO, Emmanuel. A poesia e a linguagem. *Tempo Brasileiro*, Rio de Janeiro, 29:79, 1972.

fazer todo ressonância à música inaudita do Ser, perfeita transparência à luz invisível do Nada"[7].

Desta maneira, o nada para onde confluem a ilusão e a desilusão nos cantos de Leopardi, não se nos apresenta negatividade radical. O real empírico da desilusão e o irreal da ilusão, tensionados dialeticamente, manifestam a totalidade do real, que não pode ser aniquilamento. A Floresta é o nada da clareira. Nada é o que o homem não conhece, o que não se dá na clareira. Nada é a identidade onde se encontram todas as possibilidades de Ser. É a unidade, o movimento que possibilita a diferenciação de todas as diferenças na multiplicidade dos entes. Nada é o mistério do Ser.

Podemos resumir nosso raciocínio no seguinte equacionamento:

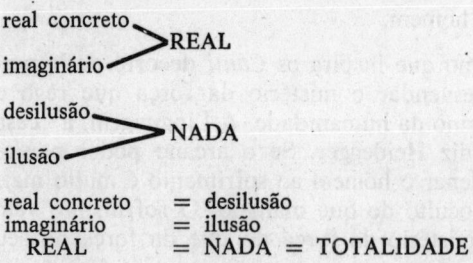

```
real concreto  = desilusão
imaginário     = ilusão
REAL           = NADA = TOTALIDADE
```

Segundo Carneiro Leão, a Linguagem, presente no mistério da ausência, se dá a conhecer no seu Silêncio, o Silêncio da Poesia, onde não há lugar para de-finir seu mistério.

Ora, a Linguagem poética, enquanto o vigor da ausência, enquanto nos presenteia com a presença da ausência, é somente abertura da espera de nada. O poetar do poeta se concentra e recolhe na pura liberdade da espera de nada. Ser poeta é se deixar fazer inteira disponibilidade para o advento à língua do mistério do Silêncio. Pois a Linguagem vige e vigora aqui neste mistério do Silêncio que, enquanto se retrai como presença, nos presenteia com a estrutura de língua e discurso[8].

Leopardi fala a partir da ausência da Linguagem, que se faz presença no poema e na força palpitante de seu Silêncio. O Silêncio do *Nulla,* a voz inaudita do Ser. O pessimismo de Leopardi decorre justamente da tenta-

7. CARNEIRO LEÃO, *op. cit.*, p. 82.
8. CARNEIRO LEÃO, *op. cit.*, p. 82.

tiva frustrada de presentificação da ausência. Ele anseia pela impossível Presença ausente.

Eduardo Portella alerta para um novo conceito de Poética totalizadora, que seja sensível à força escondida da Linguagem. Isto parece escapar a Jakobson, na unilateralidade de sua definição de Poética: "Como a Lingüística é a ciência global da estrutura verbal, a poética pode ser encarada como parte integrante da Lingüística"[9].

Portella refuta esta colocação, no pressuposto de que a Poética deve ocupar-se da Poesia em todos os seus níveis, não lhe cabendo limitar-se apenas à estruturação verbal.

> Quem se ocuparia dos dados poéticos que transcendem a estrutura objetiva da língua? Quem trataria daquele componente que não é objeto da ciência? A Lingüística? É claro que não. A Poética, enquanto compartimento da Lingüística? Igualmente não. E não porque o conhecimento artístico possui, em grau acentuado, a propriedade do Incontornável[10].

Veremos que a criação leopardiana possui essa propriedade do Incontornável onde lateja o Silêncio do *Nulla*. Nos *Canti*, a Linguagem é aquilo de que se fala e também aquilo de que não se pode falar. Força que faz falar e calar. Tema e energia que aciona o tema.

3. O tema e o contexto

Parece-nos ocioso, por fugir à finalidade do nosso trabalho, discutir a inclusão ou não do nome de Giacomo Leopardi ao lado dos militantes oficiais do Romantismo, ponto que divide a opinião de vários estudiosos. O fato do poeta não haver poupado críticas ao movimento, não significa sua colocação à margem, se bem que a universalidade dos seus sentimentos ultrapasse a setorização diacrônica.

Mesmo se não quiséssemos aplicar o rótulo de romântico a Leopardi, não lhe podemos negar o envolvimento nas tendências dominantes do seu tempo, que dizem muito mais respeito ao mundo espiritual do autor do que às características estilísticas da obra. O sentimento lírico-

---

9. JAKOBSON, Roman. *Lingüística e comunicação*. 2. ed. São Paulo, Cultrix, 1969. p. 119.
10. PORTELLA, *Teoria*..., p. 100.

trágico dos *Canti* não se alheia a esse mundo, cuja problemática foi assimilada, pois toda obra literária nasce das condições históricas vigentes. Desde fins do século XVIII a civilização italiana se articula dentro da comum espiritualidade romântica que anima aquele momento histórico. Leopardi vive nessa atmosfera e capta na sua obra os problemas essenciais da época, isto é, o sentimento pessimista da existência, a indagação metafísica sobre o destino humano, a busca de um valor universal que justifique o sofrimento e a morte etc.

A dolorosa visão dos destinos do homem que apreendemos dos *Canti* se coaduna com o sentimento de angústia que desabara sobre a Europa depois da Revolução Francesa. No tormento do mundo e na insegurança dos povos vivendo as conseqüências dos ideais frustrados da Revolução, Hauser situa as raízes do Romantismo.

O sentimento de carência de pátria que a ação napoleônica acarretou aos povos europeus, serviu, na Itália, de fermento para a luta em prol da independência, após os séculos de opressão.

A divisão da Península em vários Estados, quase todos submetidos a dinastias estrangeiras, concorria para a ausência da consciência de uma pátria comum entre os italianos. O novo jugo estrangeiro desperta e acelera o espírito nacional, incentivado pelo efeito das decepções trazidas após o ingresso de Napoleão como libertador da Lombardia, mas logo entregando a invicta Veneza à Áustria.

O edifício napoleônico ruiu com a reação austro-russa e a Itália volta ao antigo fracionamento dos Estados, desta vez sob o controle da Áustria, todavia, com o sentimento de pátria e independência já aguçado.

Em torno do jornal milanês o *Conciliatore,* reúnem-se escritores com o fim de divulgar as novas idéias e incitar a consciência nacional. A Áustria não podia ver com bons olhos a literatura romântica que, pelo seu tom popular e pela exaltação do "gênio" da nação, favorecia um despertar político na Itália. Esta reação concorreu para que os espíritos liberais se organizassem sob os princípios românticos, que se tornaram símbolo das aspirações de independência e liberdade. Quando o *Conciliatore* foi coagido a calar, em 1819, após um ano de circulação, já havia preparado sua obra política, através do lançamento dos alicerces da luta pelo "Risorgimento".

Assim, os elementos vitais do primeiro Romantismo italiano são de cunho político, impregnando de patriotismo a literautra, que caminha de mãos dadas com o processo de unificação. As canções patrióticas de Leopardi se inspiram nessa atmosfera de entusiasmo pelos destinos da pátria.

Esta característica civil do Romantismo italiano acompanha a herança clássica do Renascimento, ainda atuante, devido à sólida tradição que não se podia anular inteiramente e que influiu no equilíbrio de tom, estranho ao movimento, em outros países.

Todavia, não é lícito isolar esta particular fisionomia do Romantismo italiano da problemática geral da corrente européia, imbuída de uma diversa concepção da história. A imagem a-histórica de um mundo estático, cujas instituições pareciam alimentadas por leis morais e ideais de verdade considerados imutáveis, cede à óptica do historicismo romântico.

Influenciado por Vico, Herder exalta o "gênio" nacional, isto é, uma estrutura mental característica a cada nação, vindo a se difundir através do *Sturm und Drang* a crença de que as atividades do espírito humano, sobretudo na poesia e na arte, provinham da emanação da alma peculiar dos povos. Ora, a herança clássica que acompanha o Romantismo italiano é uma típica afirmação do "gênio" nacional, que teve no Renascimento sua manifestação máxima. Portanto, nada mais natural que as aspirações de liberdade e independência, transformadas depois da Revolução Francesa no novo sentimento comum aos povos europeus, viessem, na Itália, matizadas com o classicismo congênere, que Leopardi defendeu, malgrado as solicitações de seu espírito, muito mais românticas que clássicas.

A Revolução Francesa foi a trágica conclusão das doutrinas iluministas que, germinadas na Inglaterra e na França, disseminaram por todos os países o culto apoteótico da razão e do progresso. Ignorando que a vida dos povos não se pode reduzir a esquemas de regras preestabelecidas, os homens do século XVIII pretendem exprimir idéias e sentimentos que são de todos, certos de se terem tornado detentores de verdades universais. A falência do mito iluminista da razão e de seus dogmas desencadeia a crise romântica.

O século XVIII, empunhando a bandeira do racionalismo, minara os alicerces da tradição e da autoridade política e religiosa, com intuito de exterminar os erros seculares, responsáveis pelas formas de vida que afastaram o homem de suas necessidades naturais. Em nome da razão, os reformistas apregoaram o progresso da civilização e anunciaram o advento de uma era em que o homem, livre das transgressões e das carolices do passado, concretizaria seu sonho de felicidade. Divulgara-se a fé no poder da ciência e da técnica, em franco desenvolvimento, que poria fim às decrépitas condições de vida e organizaria o paraíso terrestre.

Aquela concepção do mundo, resultante da expansão das descobertas científicas, geográficas e cosmográficas do século XVI, se sustém em parte sob os auspícios das leis que asseguram a harmonia universal. Tudo estaria controlado pela precisão desse mecanismo, desde o movimento dos astros ao pensamento do homem. A razão desnuda o que há de essencial e imutável na natureza humana e, ao decifrar suas leis, promete a concórdia e a bem-aventurança na sociedade.

O anti-historicismo da Revolução pretendia fazer *tabula rasa* de todo o passado para reconstruir a sociedade segundo os princípios da razão e da natureza, mas a realidade de terror e sangue desmentia as esperanças no prometido paraíso.

O dogmatismo iluminista, com a convicção na possibilidade de alcançar um todo, definir uma visão de mundo, formular uma doutrina, sistematizar as relações sociais, vem substituído pelo ceticismo e agnosticismo dos românticos, que perderam a fé nos sistemas e no progresso. Não crêem mais em valor algum absoluto. Enquanto os iluministas se arvoravam a donos da realidade, os românticos, diante dela, se sentem indefesos e perdidos.

O vendaval iluminista varrera os suportes morais e culturais do passado, desmantelara o absolutismo monárquico e jogara por terra a revelação religiosa, não deixando em seu lugar outros valores, a não ser a decepção de um vazio que não se poderia mais preencher.

Lacerada a certeza medieval que garantia a religiosa espera de uma vida após a morte, eclipsada a confiança renascentista na força criadora do homem, esboroado o credo iluminista na razão soberana, sobravam à realidade romântica não mais que os escombros de um equilíbrio rompido.

A complexíssima sensibilidade romântica provém da bancarrota das ideologias iluministas, daí sua oposição ao século das luzes. A nova atmosfera se ensombra de medo e incerteza ante a relatividade de todo conhecimento.

A renúncia iluminista aos problemas metafísicos, estimulada pela preocupação em conhecer apenas o que caía sob os sentidos, a tranqüila aceitação em exercitar a razão dentro do espaço que lhe era concedido, não tinham condições para durar muito tempo, pois contrariam a própria natureza do homem, sempre sequiosa de se expandir em territórios não circunscritos. A euforia da harmonia universal, insuflada pela perícia mecânica das leis, já trazia em seu bojo o pressentimento da prisão no implacável cerco. Mesmo o desvinculamento das amarras com o transcendente, que parecera vitória contra a autoridade tiranizante, carreava nova limitação, na medida em que reduzia as fronteiras do homem à sua simples geografia moral.

No pessimismo de Leopardi, já precedido na Itália pelo ímpeto de Alfieri e pela revolta de Foscolo, se exprime a angústia da interpretação materialista da realidade, o insustentável peso que se abatera sobre os ombros do homem, deixando-o prostrado no chão duro de contingente. Na indagação de Leopardi, sobre o mistério da força operosa que regia o universo, ressoa o anelo religioso romântico sobre o porquê e o para quê da vida, numa rejeição ostensiva ao confinamento demarcado pelas doutrinas racionalistas.

Os dois pólos do Romantismo, a sede de absoluto e a desolação face à impossibilidade de sua realização, encontram no poeta de Recanati uma de suas mais legítimas expressões.

O tema leopardiano da ilusão se prende à valorização romântica do sentimento, num acinte à demagogia racionalista. Reflete a nova modalidade de entender a atividade criadora, pautada na investidura da imaginação como elemento fulcral do fenômeno poético, capaz de libertar o homem das barreiras da esfera dos sentidos e do intelecto.

A estética classicista via na arte o produto de um esforço lúcido e reflexivo, correspondente à evolução de um processo que ancorou no apogeu da Ilustração. A doutrina clássica definira-se lentamente na Itália na segunda metade do século XVI, sob a tutela da Contra-Reforma, empenhada em exterminar o hedonismo da estética renascentista, por atentado ao rigorismo da incipiente disciplina religiosa. Os jesuítas restabelecem os estudos aristotélico-escolásticos, caídos em descrédito, e a Poética do estagirita, pouco difundida antes, torna-se alvo das mais acaloradas polêmicas. Os critérios de verdade e moral centralizam os debates, à procura de uma conciliação urgente entre o caráter inventivo da obra literária e as exigências dos tribunais da Inquisição. Forja-se uma poética de teor intelectualista, que encontra respaldo no racionalismo da cultura francesa da época de Descartes e triunfa na literatura européia do século das luzes.

A beleza, submetida aos critérios da razão imutável e eterna, convertera-se em expressão do pensamento, o impertinente fiscal dos excessos da imaginação. Embora a concepção do fenômeno artístico como espelho da realidade não implicasse numa cópia exata e apesar das *mímesis* visar a uma idealização de ações, paixões e caracteres "imitados", estamos diante de uma teoria que só admite a criação artística dentro de um imperativo de conformidade e analogia com a realidade, sob o controle da razão.

Na segunda metade do século XVIII a produção poética começa a ser vista não mais resultante do esforço lúcido e consciente, mas oriunda da energia inconsciente e desconhecida, que não se submete à ditadura da razão. A atenção, que antes se voltava sobretudo para o objeto, se desloca para o sujeito, enfatizando a personalidade do artista. Em lugar do conceito aristotélico da *mímesis*, interpretada no sentido de imitação ou espelho da natureza, o ideal poético se converte na expressão de sentimentos, em que a imaginação assume papel primordial, ao invés da razão coercitiva dos impulsos emocionais.

É no reino livre dos sentimentos que as ilusões da temática leopardiana tecem o véu benfazejo sobre o rosto amargo do desencanto.

Em Leopardi, o tema da ilusão vem constantemente aliado ao mito do retorno à natureza, que Rousseau se encarregou de pôr em moda, ao contestar a sofisticada sociedade dos salões. Quando Rousseau salvaguarda a bondade original do homem e sentencia a culpabilidade da civilização, se erigia simplesmente em porta-voz de uma tendência que se impunha cada vez mais, através da generalizada crença na perfectibilidade do homem, provinda não da ciência nem do progresso, mas do contato livre com a alma do universo.

A valorização dos aspectos primordiais do universo, por intermédio de Herder, penetra no movimento originário do Romantismo, o *Sturm und Drang*, que também endossa, de Diderot, a teoria do gênio, energia livre e irreprimível, manifestada alheia da cultura e do intelecto. Ao lado do relevo conferido aos movimentos inconscientes da imaginação no fenômeno artístico, se ressalta o dado primitivo que emerge no dinamismo da inspiração. Herder, definindo a poesia como expressão dos elementos primitivos e originários do universo, descobre a superioridade da poesia natural ou popular, autêntico repositório desses elementos e representação da índole de um povo, enquanto a poesia da arte, saturada do racionalismo do progresso, nasce da elaboração de modelos, estranhos às características naturais da nação. Por isso, as criações dos povos, na fase primitiva, são reputadas genuína poesia, ainda não contaminada pela influência corrosiva da civilização. Explica-se por que a infância se tenha passado a considerar a verdadeira idade poética do homem e do mundo, aspecto que Leopardi defendeu em tantas passagens dos *Canti*.

Também em sintonia com o sentido romântico da arte e da existência, situamos a nostalgia leopardiana da Idade de Ouro, época beata das ilusões, solapada pela ingerência da razão. O fascínio pelo passado mítico, que tanto atraiu nosso poeta, representa uma das modalidades da evasão romântica, conseqüência do conflito do eu com a realidade de incertezas e desespero.

Os temas registrados no capítulo anterior, reunidos no pólo da ilusão, são todos portadores da chancela espiritual romântica, dando-se o mesmo em relação aos componentes da desilusão.

O conflito é a modalidade da consciência romântica, dividida pelos antagonismos entre a negação das verdades iluministas e a afirmação impossível de valores absolutos. Essa visão romântica da realidade urde o conflito leopardiano da ilusão e da desilusão.

Dentro dessa conjuntura armam-se os conflitos, não diríamos menores, porém decorrentes do tensionamento do campo ilusão-desilusão, que nos parece mais abrangente e nuclear, envolvendo e gerando todas as dicotomias: tempo presente-tempo passado, civilização-idade antiga, natureza madrasta-natureza benigna, tédio-esperança, sofrimento-felicidade.

No entrelaçamento temático, regulado pela sólida unidade dos *Canti*, os termos dos binômios se alternam, no entanto marcados pela mesma situação conflitante, no equacionamento romântico do destino do homem, se bem que timbrado de um tom pessimista que ultrapassou a nota dominante do tempo.

Se fizemos este breve aceno à problemática romântica, em que se insere o tema dos *Canti*, foi apenas no intuito de mostrar que não podemos desligar a literariedade, o ser específico do texto poético, do contexto, uma vez que o fazer literário, de acordo com o esclarecimento de Eduardo Portella, é dinâmico e o seu processar-se é histórico.

Estamos nos referindo agora à energia que movimenta a constituição do fenômeno. Ela evidentemente altera-se conforme o compasso da história[11].

A noção histórica de tempo, ao invés de entendimento historiográfico, encara-o numa estrutura unitária, em que coexistem futuro, presente e passado. Portella assevera que o tempo unitário é a força propulsora da criação literária, considerando a questão do tempo e da história como o modo de ser do homem.

Para Emmanuel Carneiro Leão, uma das originalidades de nossa época consiste em haver descoberto na Temporalidade e Historicidade a morada de toda a existência.

Temporalidade e Historicidade *são* a estrutura do ser do homem e de todo o mundo humano[12].

Apesar de intimamente relacionado ao contexto, o texto literário não é seu mero reflexo. Sem dúvida, o homem da primeira metade do século XIX encontra-se no

---
11. PORTELLA, *Teoria...*, p. 16.
12. CARNEIRO LEÃO, Emmanuel. O problema da história em Dilthey. *Tempo Brasileiro*, Rio de Janeiro, 9/10: 55-56, 1966.

poema de Giacomo Leopardi, mas integrando suas dimensões transreais que o imaginário descerra.

A verdade poética dos *Canti* está na verdade histórica de sua época porque a arte, que só *é* na história, abrange a totalidade do homem. Assim, a obra de Leopardi ultrapassa os limites do indivíduo e dos cortes cronológicos da historiografia e, por ser essencialmente histórica, abarca todos os homens nas três dimensões do tempo.

4. *A concepção dos gêneros segundo Staiger*

A questão dos gêneros literários, a mais antiga da Teoria Literária e também das mais complexas e controvertidas, tem sofrido inúmeras variações históricas desde a Antiguidade grega, despertando ainda hoje a atenção dos estudiosos que aceitaram o desafio milenar e buscam sua conceituação.

É indiscutível a preciosa colaboração que trouxe a reflexão de Emil Staiger, no seu revolucionário livro *Conceitos fundamentais da poética,* não só ao problema dos gêneros como também aos estudos literários em geral.

Staiger adota a tradicional divisão tripartida, lírico, épico e dramático, num sentido diverso do comumente usado, constituindo estas noções os "conceitos fundamentais da poética".

Preocupado sobretudo com a essência dos gêneros, o autor depara com a dificuldade em determinar o traço comum do lírico, do épico e do dramático, por meio das obras que normalmente se enquadram nestas divisões, muitas vezes segundo um critério arbitrário e extrínseco.

A estética clássica, tão empenhada em velar pela pureza dos gêneros, tão zelosa em lhes codificar as regras, não conseguiu deter a variedade dos novos modelos, que extrapolaram da severa discriminação. O caráter estático das regras viu-se desmentido, em favor da afirmação de uma verdade histórica, que recusava a atemporalidade do belo e exigia uma relatividade de valores, de acordo com as coordenadas espaciais e temporais. Diante da insuficiência dos três compartimentos estanques, torna-se vã a tentativa de colher a essência dos gêneros através das obras neles encaixadas. Em vista deste impasse, evidencia-se o caráter inovador do pensamento de Staiger, ao estabelecer uma diferença radical entre a Lírica, a Épica, o Drama e o lírico, o épico, o dramático. Os substantivos referem-se ao ramo a que pertence a obra, mediante características formais determinadas. Os adjetivos são as qualidades simples, a essência da qual a obra participa, em maior ou menor escala; qualificam a obra pertencente a qualquer ramo. Assim, podemos falar de teatro épico ou de romance lírico ou dramático.

Uma obra exclusivamente lírica, exclusivamente épica ou exclusivamente dramática é absolutamente inconcebível; toda obra participa em maior ou menor escala de todos os gêneros e apenas em função de sua maior ou menor participação, designamo-la lírica, épica ou dramática[13].

Em razão da diversidade das obras enfeixadas nos três ramos, os nomes Lírica, Épica e Drama não bastam para contê-las, tornando-se sem sentido descrever esses ramos. Mas para Staiger tem sentido buscar a essência do lírico, do épico e do dramático.

A partir da premissa de que o *lírico* se relaciona ao sentimento e ao íntimo, Staiger observa, em canções românticas, seus fenômenos estilísticos, para concluir serem estes fundamentados pela idéia do não-distanciamento.

Através da "disposição anímica" ou clima lírico, que envolve tudo, anula-se até mesmo a distância entre a significação das palavras e sua música. O sujeito e o objeto não se diversificam, uma vez que para haver ob-jeto (= colocado em frente), faz-se necessário o sujeito e, na realidade lírica, inexiste o defrontar-se. Estamos na paisagem, a paisagem está em nós.

O clima lírico impede o contorno nítido das coisas e dos seres, que não se fixam, mas fluem inconsistentes, fundindo-se com o eu na torrente poética.

Este não-distanciamento é o recordar que, etimologicamente, significa "de novo ao coração" (*cor-cordis*). Fatos presentes, passados e futuros podem ser recordados na obra lírica. A essência do lírico é pois a *recordação,* o um-nooutro vivificado pela disposição anímica.

Cumpre assinalar a diferença deste conceito de recordação com respeito ao de memória, que subentende uma

---

13. STAIGER, Emil. *Conceitos fundamentais da poética*. Rio de Janeiro, Tempo Brasileiro, 1969. p. 190.

colocação defronte do fato, para uma observação à distância. O eu lírico não se observa nem se compreende, porque não se afasta do passado, no qual se funde.

No estilo *dramático* o objetivo não é o modo de desenvolver o tema, como no lírico, e sim a meta a alcançar, o pro-blema (= pro-posto), que o autor atingirá no percurso. Em razão da estreita interdependência das partes convergentes para o final pro-blemático, a essência dramática é a *tensão*.

As duas modalidades do estilo de tensão, o patético e o problemático, conduzem a ação para adiante: o *pathos* quer, o problema pergunta, num distanciamento que relaciona e julga.

O mesmo objeto, subordinado a diferentes contextos, apresenta-se de diversos modos, conforme o "enfoque" ao qual se submete. O que determina *a priori* o mesmo "enfoque" é o "mundo", quer dizer, a "organização, o cosmos, dentro do qual e só então uma coisa passa a poder aparecer como tal coisa"[14].

Assim, o poeta lírico, o épico e o dramático classificam-se também de acordo com o seu relacionamento com o mundo. O poeta lírico nada sabe do mundo, embora tudo que ele perceba esteja dentro de uma organização prévia, mas incompreendida.

A pergunta "por que razão" que orienta o autor dramático, se conduzida vigorosamente, chega a um *último sentido da existência*, que é o mundo organizado clara e conscientemente apreendido.

Quando se destrói a razão última de uma existência humana, quando uma causa final e única cessa de existir, nasce o trágico. Dito de outro modo, há no trágico a explosão do mundo de um homem, de um povo, ou de uma classe[15].

Staiger associa a gradação lírico-épico-dramático, onde se constata um distanciamento progressivo, à relação sílaba-palavra-frase. A sílaba, por não ter designação fixa nem registrar objetos, atua qual elemento lírico da língua, em idêntica ausência de defrontar-se objetivo. A apresentação da essência épica, que pressupõe uma atitude de observação diante das coisas, se conforma à natureza

14. STAIGER, *op. cit.*, p. 140.
15. STAIGER, p. 147.

representativa da palavra. No estilo problemático do drama, a funcionalidade das partes, em relação ao todo, imprime-se na frase, onde cada elemento depende dos demais.

A sucessão gradual lírico-épico-dramático, sílaba-palavra-frase corresponde aos planos da linguagem descritos por Cassirer: a linguagem na fase da expressão sensorial, a linguagem na fase da expressão figurativa, a linguagem como expressão do pensamento conceitual[16].

Em *Linguagem e Mito* Cassirer desenvolve suas reflexões vinculando a consciência lingüística à mítica. A fase sensorial equivale à criação dos deuses momentâneos, quando a emissão oral não possui ainda designação fixa, como na sílaba. Na etapa figurativa, de acordo com a concepção mítica, as coisas não são tomadas pelo que significam mediatamente, mas por sua aparência imediata, concebendo-se a palavra na qualidade de ser substancial, identificada ao objeto. A palavra só adquire sentido ideacional e lógico após lento caminhar do concreto para o abstrato, por meio de um processo convencionalizante de referências e imagens estáticas; nesse estágio a palavra se reduz a signo intelectivo, veículo do pensar teórico, que capta a realidade em conceitos relacionadores das coisas, tendo então sua correspondência na funcionalidade da frase.

Staiger corrobora a tese de Cassirer, através da argumentação de que toda língua se desenvolve na direção indicada, da mesma forma que o homem, de criança a jovem e a adulto ou a velho. Assim como na criança está latente o jovem, na fase adulta não se perde totalmente o passado. O grito emotivo, que não participa da modalidade da compreensão lógica, pode irromper em qualquer estágio.

Embora o poeta lírico "recorde" presente, passado e futuro, a "recordação lírica é uma volta ao seio materno, no sentido de que tudo ressurge naquele estado pretérito do qual emergimos"[17]. Na perspectiva do presente, a recordação é o passado. Staiger afiança que aquilo que o poeta lírico recorda, o épico torna presente, trazendo para diante de nós o que tem diante de si. O que o autor épico traz ao presente, o dramático projeta, em tensão para o futuro. Esta sucessão temporal só se entende no tempo visto em

16. STAIGER, *op. cit.*, p. 164.
17. STAIGER, *op. cit.*, p. 171.

estrutura unitária onde coexistem futuro, presente e passado.

O inter-relacionamento de todos esses níveis demonstra que a questão da essência dos gêneros se refere a algo não pertencente apenas à literatura:

> Os conceitos lírico, épico e dramático são termos da Ciência da Literatura para as virtualidades fundamentais da existência humana, e a Lírica, a Épica e a Dramática só existem porque os domínios do emocional, do figurativo e do lógico constituem a essência do homem quer como unidade, quer como sucessão, representada esta pela idade pueril, juventude e adulta[18].

Verificamos que um estudo baseado nos gêneros literários nos encaminha para problemas do homem, confirmando-se resultar a interpretação do fenômeno literário numa interpretação do fenômeno existencial.

5. *O lírico e o trágico na temática dos* Canti

Se admitimos a asserção de que nenhuma obra se realiza integralmente num só gênero, já sabemos que a Lírica leopardiana não participa somente da essência lírica. Com efeito, aceitando que o trágico é a explosão de um "mundo", constatamos também a essência dramática nos *Canti*, sem com isso excluirmos os traços épicos, de que não nos ocuparemos. Vamos justificar a presença do lírico e do trágico na tensão dialética entre a ilusão e a desilusão, na unidade temática.

A ilusão, que nos poemas de Leopardi revive a beatitude mítica da Idade de Ouro do mundo e do homem, graças à simplicidade ingênua de imagens, corresponde ao estado lírico. Fubini considera o ideal perseguido na composição dos *Canti* e o de

> una poesia in cui parli nella sua purezza primitiva la voce della Natura o del cuore, sinonimi almeno in questo caso, nel linguaggio leopardiano[19].

Todos os cantos que deixam ouvir esta voz pura e primordial revelam, por parte do poeta, uma espécie de culto religioso do sentimento.

Luigi Russo põe em relevo o desempenho da natureza na atividade criadora de Leopardi e observa que,

---
18. STAIGER, *op. cit.*, p. 165.
19. FUBINI, Mario. Introduzione. *In:* LEOPARDI, Giacomo. *Canti.* Torino, Loescher, 1971. p. 8.

quando ele não se faz "adoratore della natura, la sua forza lirica si slabbra"[20]. Russo localiza neste fascínio os pontos culminantes dos cantos, quando o poeta "trasferisce i suoi amori e le sue donne attraverso il *medium* della natura e del paesaggio"[21]. Assim, Silvia, entrevista nos inesquecíveis olhos "ridenti e fuggitivi", confunde-se com o céu e as vias douradas; Nerina vive nas perfumadas encostas e retorna na primavera inacabada da recordação.

O culto do sentimento e a divinização da natureza, basilares na inspiração leopardiana, permitem a realização do não-distanciamento lírico, somente quando o eu poético ingressa no "mundo" da ilusão, que determina o "enfoque" segundo o qual as coisas aparecem e fluem sem contornos. Realmente aí o eu nada sabe do mundo, não se distinguindo sujeito nem objeto, porque não existe o defronte e tudo se unifica na corrente de sentimentos que absorve a naturza e se arrasta no transitório. A re-cordação envolve coisas e gente e paisagem num só abraço.

No momento em que se insinua a consciência desse "mundo", ele se desfaz, pois se instala o distanciamento e a recordação se transforma em memória, a contemplação cede ao julgamento. O mundo da ilusão é a pátria da beatitude só enquanto não há o defrontar-se objetivo. Uma vez conscientizado, ocorre sua explosão trágica.

Quebrado o encanto, arma-se o mundo da desilusão, o "acerbo vero", emaranhado no seu problema e na sua pergunta. Staiger mostra como a pergunta "por que razão", conduzida para adiante, só descansa ao chegar até o sentido último da existência.

E esse sentido último, essa última causa é aquele mundo que já antes, como uma organização incompreendida, determinava desejo, conhecimento, sentimento e ação e agora, finalmente, cristaliza-se em uma clara "visão do mundo"[22].

Essa clara "visão do mundo" que se cristaliza para Leopardi é o entendimento da ilusão, promovida a único bem possível, último sentido da existência. A ilusão, antes organização incompreendida do estado lírico, se define e se contorna no conhecimento trágico de sua perda.

20. RUSSO, Luigi. *Ritratti e disegni storici. Dall'Alfieri al Leopardi.* 2. ed. Bari, Laterza, 1953. p. 280.
21. *Ibidem*, p., 279.
22. STAIGER, *op. cit.*, p. 141.

A destruição do elemento organizador de um mundo, a ilusão, fornece, com a sua desorganização, a organização do mundo da desilusão: a realidade da ciência, do progresso e da civilização, o odiado tempo presente do sofrimento, do tédio e do ócio, que compõe a perspectiva pessimista. A natureza maternal e benigna do tempo mítico se metamorfoseia na natureza madrasta, que castiga os homens pela culpa de viverem sob o patrocínio da razão e passa a se identificar com a força do destino, a empurrar os míseros mortais rumo à amargura.

A idéia constante estruturadora dos *Canti* é a premência em recompor o mundo desmoronado. De ponta a ponta o livro pende entre a destruição e a recomposição da ilusão. Esta alternância induz-nos a posicionar o debatido conflito sentimento-razão no ângulo de nosso foco de abordagem: o sentimento cria a ilusão do espaço lírico, que a razão demole no tempo trágico da desilusão.

Para Staiger, o trágico redunda num "fracasso irrecorrível" que não visualiza salvação. Malgrado o intenso desejo de refazer a ilusão, uma vez conscientizada, o pensamento lógico sempre se interpõe, não permitindo conservar, em sua pureza, o contato com a natureza ingênua, depois de perdida a ingenuidade da imaginação primitiva. Na verdade, a ilusão não se recupera mais, a não ser na ilusão da ilusão, que o sentimento, dominador sempre, restaura. É nesta ilusão da ilusão que o lírico se renova, porque a re-cor-dação da ilusão aproxima-a do coração, trazendo-a de volta.

O oscilar de um extremo a outro, da ilusão à desilusão e vice-versa, que movimenta a estruturação dos *Canti*, se estende à alternância do lírico e do trágico.

Pensando no caráter abstrato da concepção dramática da vida e no íntimo e indemonstrável da disposição anímica lírica, Staiger denomina *espírito* a essência dramática e *alma* a lírica, sem, entretanto, emprestar a tais termos qualquer interpretação de ordem teológica.

Alma é a fluidez de uma paisagem na recordação; espírito é a funcionalidade em que se configura um todo mais amplo[23].

A alma não se engana porque não toma posição, harmonizando-se em unidade com as coisas. O espírito

23. STAIGER, *op. cit.*, p. 166.

pode enganar-se, em decorrência do distanciamento. Por isto o mundo da ilusão é o reduto da felicidade, onde a alma, como plenitude da vida, palpita em uníssono com as coisas. A lógica do espírito distancia-se, a fim de relacionar os objetos para o julgamento e o questionamento, indutores do erro ou da constatação dos limites não franqueáveis pela pergunta "por que razão".

...quanto mais conseqüente o poeta, quanto mais impetuosamente ele conduza sempre adiante o questionamento "por que razão", tanto mais cedo arroja-se aos limites do incompatível; pois toda idéia, todo mundo é finito. E só perante um deus desconhecido detém-se o vivente[24].

Toda a obra poética de Leopardi aparece crispada pela inquietação do questionamento. O eu poético se arremessa aos derradeiros porquês e, à beira do enigma, sufoca no silêncio impenetrável. O enigma do universo é o mistério do Ser.

Atingir o Ser resulta no objetivo supremo do homem, a razão última de sua existência. Mas o Ser permanece incógnito, contrariando a aspiração desmedida e fazendo detonar a situação trágica. O trágico existencial. O mistério do Ser é o "fracasso irrecorrível" do homem, condenado à reclusão de suas fronteiras.

Concordando com Eduardo Portella que a arte é uma modalidade de ser do homem, totalizando "a própria humanização do homem", verificamos que uma reflexão sobre a literatura, transcende os propósitos meramente literários. Um exame dos *Canti* nos leva a refletir sobre o homem, debatendo-se nas estreitas contingências do finito, mas traspassado pela infinita sede do infinito.

---

24. STAIGER, *op. cit.*, p. 149.

Segunda Parte: O SILÊNCIO DO CANTO

Di questa poesia
mi resta
quel nulla
d'inesauribile segreto
(UNGARETTI)

1. O entusiasmo das canções patrióticas

As três longas canções "All'Italia", "Sopra il monumento di Dante" e "Ad Angelo Mai" formam um grupo à parte na lírica de Leopardi, por motivo do caráter retumbante do discurso poético, que deixa transparecer a artificialidade de um eruditismo insopitável, cujas reminiscências estilísticas clássicas às vezes confundem a originalidade da composição.

O vocabulário áulico e precioso, os hipérbatos da sintaxe rebuscada, o tom solene e grandiloqüente perturbam, mas não chegam a destruir o clima lírico, mantido graças à sinceridade do sentimento, que estabelece o não distanciamento entre o sujeito e o objeto.

As três canções se alicerçam na dicotomia pungente em que o vergonhoso e apático tempo presente das guerras napoleônicas, com suas devastadoras conseqüências, se opõe ao esplendor nostálgico da pátria, no seu passado de lauréis.

De acordo com a observação de Francesco Flora, todas as épocas pareciam a Leopardi superiores à presente, por terem sido testemunhas de altos feitos de inesquecíveis heróis.

...il passato si eleva subitamente ad una specie di favolosa età dell'oro, sia che egli parli dell'Itália, sia che parli di se medesimo[25].

Paralelamente à infância e à juventude, o passado da pátria corresponde ao tempo em que o progresso ainda não corroera os ideais mais altos, quando a natureza complacente mantinha o véu de ilusão a ocultar a amarga verdade. Era possível a crença nos ideais que incitavam a luta até a morte gloriosa.

Staiger afirma que o efeito trágico atinge alguém que vive coerente com a sua idéia. Como nesses poemas a idéia que representa o sentido último da existência é a pátria, vê-la escarnecida destrói o sentido dentro do qual tudo se organiza. A pátria que foi "Le genti a vincer nata" e hoje se reduz à escravidão e à vergonha, personifica a demolição da coerência de uma vida. Eis o resumo da situação trágica:

Che fosti donna, or sei povera ancella[26].

A antítese torna-se mais eficaz devido aos vestígios etimológicos de *donna < domina* e de *ancella < ancilla*, que fazem vibrar no presente despojado os ecos do passado majestoso.

Em "Sopra il monumento di Dante", o significado trágico se aprofunda também no ultraje da pátria, "dolente madre", cujos filhos morriam pelos que a matavam. Trágico ainda se afigura o destino desses filhos mortos nas desertas planícies geladas e condenados ao esquecimento, sem outro consolo a não ser a falta de consolo.

Considerando a importância da idéia de glória no contexto destas canções, a necessidade vital de projetar-se

---

25. FLORA, Francesco. Prefazione e note. *In:* LEOPARDI, Giacomo. *Canti.* 10. ed. Milano, Mondadori, 1953. p. 51.
26. LEOPARDI. Giacomo. *Canti.* A cura di Francesco Flora. 10 ed. Milano, Mondadori, 1953. p. 52.
Os trechos dos *Canti* foram retirados dessa edição, utilizando-se para as demais citações a abreviatura *C.*, seguida do número da página.
A tradução das citações será sempre literal e permanecerá próxima quanto possível do original: «Que foste senhora, agora és pobre serva».

pelo renome até às idades porvindouras, percebemos o despautério daquela morte anônima.

O clima trágico se estende após a morte dos ideais fermentados pela ilusão, a qual se associa ao sentido da grandeza da pátria, possível somente no tempo do sonho. Em "Ad Angelo Mai" aparece explícito o conflito entre as ilusões de antes e a desilusão de depois. Colombo profanou os espaços além das colunas de Hércules e assassinou para sempre, tragicamente, os nossos "sogni leggiadri", ao tornar o mundo conhecido.

Apesar do doloroso contraste entre o passado e o presente que tematiza as três canções, não podemos falar em morte da ilusão, o que acontecerá outras vezes, pois a destruição não se mostra irremediável, deixando vislumbrar a salvação. Todas as vezes que se abre uma brecha para as ilusões, o mundo se recompõe e o lírico eleva seu tom, conforme se comprova em "All'Italia":

> Nessun pugna per te? non ti difende
> Nessun de' tuoi? L'armi, qua l'armi: io solo
> Combatterò, procomberò sol io.
> Dammi, o ciel che sia foco
> Agl'italici petti il sangue mio*.
> (C. p. 53-54)

Esta manifestação do eu romântico, que se ergue altivamente contra as leis e os limites cerceantes, poucas vezes na lírica leopardiana atinge tanta emoção poética. O ímpeto fragmenta as frases, suprime os verbos. O famoso verso "Combatterò, procomberò sol io", perpassado de oclusivas, explode no arrebatamento, suspenso no *io* final, que se destaca das longas palavras iniciais e ressoa na rima, enfatizando o eu. O futuro anunciado pela ação das duas formas verbais está tão próximo quanto a época pretérita que o calendário histórico registra.

> Oh viva, oh viva:
> Beatissimi voi
> Mentre nel mondo si favelli o scriva**
> (C. p. 61)

Aqui se aplica com muita propriedade o depoimento de Staiger quanto ao passado e presente para o poeta

---

* «Ninguém luta por ti? não te defende/ nenhum dos teus? As armas, aqui as armas: eu só/ combaterei, tombarei só eu./ Fazei, oh céus, com que seja fogo/ aos itálicos peitos o sangue meu.»
** «Oh viva, oh viva!/ Vós, bem-aventuradíssimos,/ enquanto no mundo se falar ou escrever.»

lírico, ambos igualmente próximos dele, mais próximos que qualquer presente. Ele se dilui aí, isto é, ele "recorda".

O passado heróico é trazido de novo ao coração pela "recordação" e, através da voz de Simônides, tão próxima na sua magia evocadora, assomam as ilusões que tudo transfiguram do fundo dos tempos. Grécia e Roma simbolizam a juventude do mundo, época das ilusões que faziam acreditar no ideal e impeliam a luta até a morte gloriosa.

Em "Sopra il monumento di Dante", não obstante o presente de escárnio, a esperança na reconstrução do mundo perdido impregna tudo com os exemplos da "prisca etade", recordados liricamente, aproximando o eu e o passado. Sente-se a ilusão, na esperança de uma possível volta à idade fabulosa, pela alta recorrência de optativos que, gramaticalmente, traduzem o desejo de que o fato se realize.

No terceiro poema a recuperação das ilusões se exprime na esperança de que a descoberta do documento antigo possa despertar os ítalos peitos, adormecidos no "secol di fango", ao antigo ideal.

Entre os traços estilísticos mais comuns na linguagem lírica, Saiger menciona a parataxe, freqüentíssima nestas canções. Seria longo transcrever as orações coordenadas e as independentes bem como os breves períodos sucessivos, sobretudo em "All'Italia", numa ostensiva rejeição ao raciocínio lógico e conectante da construção hipotática, se bem que o autor não a despreze, às vezes em prejuízo do clima lírico.

Em relação à disposição anímica lírica, a construção paratática indica que fatos distantes no tempo e no espaço se acham próximos, justapostos e fundidos, sem a subordinação lógica, incompatível com o sentimento. A dissolução de frases e a ausência de verbos oferecem a contrapartida lingüística da dissolução do sujeito no objeto. Dos inúmeros casos, citamos esta passagem de "All'Italia":

> Dove l'armi e il valore e la costanza?*
> (C. p. 53)

* «Onde as armas e o valor e a constância?»

Um dos recursos paratáticos mais usados por Leopardi é a seriação sindética, recorrente nas duas primeiras canções. A conjunção aditiva une os membros soldados num transbordamento apaixonado. Dir-se-ia que o um-no-outro funde todos os elementos e anula os contornos, como vemos neste exemplo de "Sopra il monumento di Dante":

> Mira queste ruine
> E le carte e le tele e i marmi e i templi*
> (*C*. p. 78)*

A correspondência entre o lírico e a sílaba, que não possui designação fixa, equivalente aos gritos de emoção, confirma-se no seguinte índice de recorrência das interjeições *o, oh:* 8 vezes na primeira canção, 15 na segunda e 19 na última, além de *oimè, deh, ahi* repetidamente.

Outro traço estilístico associado à emotividade são os vocativos. "All'Italia" inicia-se com um delicadíssimo "o patria mia", evocação traspassada de ternura, que o possessivo posposto ao substantivo sublinha, também, na diérese forçada pelo ritmo do verso.

Registramos cerca de 15 vocativos em "All'Italia" e "Sopra il monumento di Dante" e 27 em "Ad Angelo Mai".

Segundo Jakobson, o vocativo é uma das expressões gramaticais da função conativa da linguagem, fixada no destinatário da mensagem. O emprego insistente desta função em toda a obra poética de Leopardi, graças à vitalidade do sentimento, estabelece a ligação lírica entre emissor e destinatário do mundo poético.

Staiger demonstra a incompatibilidade do lírico puro com o caráter conceitual da língua, que estabelece relações entre as coisas. Compreende-se a impossibilidade de se exprimir em palavras, que são conceitos, o sentimento puro. Daí a linguagem lírica dissolver as estruturas lingüísticas pelo uso de palavras soltas, sintaticamente desconexas, qual sucede nestas canções.

As interjeições, traduzindo estados de alma, afastam-se da tirania do signo e propiciam a mais legítima expressão

---

* «Olha estas ruínas/ e os escritos e as telas e os mármores e os templos.»

do lírico. Os vocativos e as frases interrogativas que afluem nas três composições, ao lado das exclamativas, assumem o papel das interjeições, intérpretes dos estados de alma. O sentimento puro, intransponível ao signo, irrompe dos vocativos e das interrogações, sempre sem respostas, provindos de obscuros movimentos que a palavra desconhece.

Esta incompatibilidade do lírico com a língua nos conduz ao Silêncio da Linguagem. Já citamos Emmanuel Carneiro Leão a respeito do falar do poeta, um calar-se para deixar a ausência mesma falar. Leopardi, insistindo nos recursos interjetivos, que diluem o significado na intensa aura de afetividade, se faz disponível à ausência. Na ausência do que ficou aquém do dito, palpita a Presença que está além do que se pode dizer.

2. *O arrefecimento do ardor*

"Nelle nozze della sorella Paolina" e "A un vincitore nel pallone", juntamente com as três canções anteriores, compõem o grupo das chamadas canções patrióticas de Leopardi, caracterizadas pela contradição existente entre a corrupção da Itália infeliz das guerras napoleônicas e o esplendor do fausto antigo. Nas cinco vibram os mesmos sentimentos conflitantes, o entusiasmo e o ceticismo, a esperança e o desespero. A ilusão e a desilusão. Estas duas composições guardam os últimos ecos da fase patriótica, antes de se encerrar o ciclo, agora sem a cerimoniosidade estilística nem o acento hiperbólico. A intenção didascálica, mais declarada que nas outras, rarefaz o alento poético, mantido a não ser em fragmentos, o que interfere no equilíbrio das esferas do real e do imaginário, não muito bem integralizadas na totalidade do poema.

"Nelle nozze della sorella Paolina" opõe as "beate larve" das ilusões à "polve della vita" e investe contra a "vergognosa etate" em antagonismo com a exaltação do passado, porém tudo numa frieza doutoral que não atinge a sensibilidade. As desiludidas constatações sobre o "corrotto costume" não se elevam ao tom trágico nem se deixam atingir pelo envolvimento lírico durante aproximadamente dois terços do poema.

O sentimento poético só vem à tona quando termina o doutrinamento de Paolina sobre a educação dos seus futuros filhos. A evocação dos dois jovens esposos que morrem pela pátria grega, inicia poeticamente o culto do passado heróico, nas ilusões redivivas. Nesta parte o passado se integra no eu lírico pela recordação.

O tema da morte que surpreende os jovens, tão freqüente na obra leopardiana, já despontara em "All'Italia", com os heróis das Termópilas e, em "Sopra il monumento di Dante", com os combatentes tombados em solo estrangeiro.

Na canção a Paolina, surge Virginia, que se costuma emparelhar à grandeza poética de Silvia e Nerina. Entretanto, estas acompanham a morte trágica das ilusões, ao passo que Virginia traz o seu renascer. A jovem romana opta pela morte a fim de defender seu sonho, recusando-se aos desejos do tirano. Permanece portanto na ilusão que o eu poético reencontra.

Os desejos de Virginia revigoram o fervor dos antigos romanos que honram sua memória, alimentando a crença nos valores que, no cosmos dos *Canti,* apenas o poder da ilusão reacende.

A sepultura de Virginia guarda o mesmo sentido do túmulo cantado por Simônides na primeira canção:

> La vostra tomba è un'ara...*
> (*C.* p. 61)

O substantivo *ara* e a forma verbal *onora* pertencem ao campo semântico de veneração que os heróis mortos despertam. Do silêncio do túmulo se agiganta a voz da Poesia, a falar no canto de Simônides e na delicada pessoa de Virginia, que desce ao Érebo para viver, na imorredoura evocação de Leopardi.

> Eri pur vaga, ed eri
> Nella stagion ch'ai dolci sogni invita,
> quando il rozzo paterno acciar ti ruppe
> Il bianchissimo petto,
> E all'Erebo scendesti
> Volonterosa**.
> (*C.* p. 105)

* «O vosso túmulo é uma ara...»
** «Eras linda e estavas/ na estação que aos doces sonhos convida,/ quando a rude paterna lâmina te rompeu/ o branquíssimo peito,/ e ao Érebo desceste/ /por tua vontade.»

O áspero jogo fônico do terceiro verso lembra-nos um importante problema. A propósito da onomatopéia que reproduz lingüisticamente um ruído, Staiger refuta seu emprego na linguagem lírica, onde, devido ao não distanciamento, não se dá a "re"-produção do fato. Não há defrontar-se objetivo que permita a imitação, mas unidade entre a significação das palavras e sua música.

Assim, as rudes oclusivas e vibrantes do terceiro verso e a suavidade da seqüência de *i* permeado da sibilante no quarto verso, não "re"-produzem o som fatal da lâmina rasgando a carne tenra. Pelo contrário, é o próprio dilacerar sangrento que soa como língua e se extingue no sussurro de *bianchissimo*. Aí o acento proparoxítono prolonga o suspiro da morte e anuncia o silêncio do Érebo, onde se encontra a profunda força de tudo que vive e palpita no poema.

A trágica desilusão de Roma vencida e a lírica ilusão do sonho de Virginia no seu amor à pátria conjugam-se na realidade do Érebo, desconhecido abismo à espreita do homem. O Érebo simboliza a plenipotência da Linguagem, como impulso de realização da realidade do canto.

O futuro incógnito da morte impele o passado áureo de Virginia para o presente torpe e desenganado, reunindo-se as três dimensões do tempo na totalidade do real que o fenômeno literário manifesta.

O incidente da vitória do jovem campeão de "A un vincitore nel pallone" dá ensejo a uma reflexão que não pertence aos grandes momentos da arte leopardiana, porém assume importância por apresentar um dos ingredientes capitais dos *Canti*, a *vanità*.

O relembrar as cinzas do passado morto não consegue restaurar o encantamento da ilusão porque, ao invés do que se passa no episódio de Virginia, o eu poético se mantém distanciado do passado, o qual se converte em ob-jeto da memória, não imergindo na recordação. Deste distanciamento brota o problema: a vitória do campeão que rememora o passado opulento é a única possibilidade de excitar os ânimos arrefecidos, mas não passa de coisa vã:

> Vano dirai quel che disserra e scote
> Della virtù nativa
> Le riposte faville? e che del fioco
> Spirto vital negli egri petti avviva
> Il caduco fervor? Le meste rote
> Da poi che Febo instiga, altro che gioco
> Son l'opre de'mortali? ed è men vano
> Della menzogna il vero?*
> (C. p. 110)

As duas primeiras perguntas tentam negar a falsidade da ilusão. A terceira generaliza o sentido de jogo inútil e sem finalidade das coisas humanas. A quarta pergunta sintetiza a nulidade da verdade e da mentira. A gradação prepara o momento trágico da conclusão de que o objeto do fervor antigo é mentira vã, da mesma forma que tudo o mais sob a jurisdição de Febo. A reflexão obsta a conciliação com o mundo perdido, neste poema irremediavelmente, por causa da convicção desiludida de que a vida significa mero *gioco*.

No jogo da vida, o trágico reside na certeza de que a vida é jogo, sem outra finalidade fora do jogo. Ora, o jogo é o *parecer* das coisas que se afiguram vazias por ser aparência. Mas a aparência, conformando o próprio tecido da ilusão, só é trágica quando se configura na consciência, porque então se assinala o fim da sua vigência.

A Linguagem estrutura a realidade em vários níveis, inclusive como se não fosse, isto é, como aparência e jogo. Este modo de revelação do real, quando conscientizado, provoca o desprezo de Leopardi, ávido do Ser e não dessas manifestações, pobres demais para a sua sede de infinito.

> Nostra vita a che val? solo a spregiarla**.
> (C. p. 113)

A brevidade lacônica deste verso, dos mais conhecidos de Leopardi, condensa o estado de ânimo do mundo trágico da desilusão, onde se desmantelou a ilusão, idéia que emprestava coerência à incoerência da esquálida ver-

---

* «Vão dirás (é) aquilo (a competição) que descobre e agita/ da virtude nativa/ as ocultas centelhas? e que do débil/ espírito vital, nos enfermos peitos aviva o extinto fervor? As tristes rodas/ desde que Febo instiga (as tristes rodas), não mais que jogo/ são as obras dos mortais? (A imagem provém da lenda que representava o sol num carro guiado por Febo) e é menos vão/ do que a mentira o verdadeiro?»
** «Nossa vida para que vale? Só para desprezá-la.»

dade. Os monossílabos e dissílabos contrastam com a extensão da última palavra, concentrando aí toda a carga de revolta.

A Linguagem estrutura o *vano* da mentira e da verdade, da ilusão e da desilusão, integralizando os dois planos no amargurado desprezo. A concisão vem do impacto da Linguagem que obriga a língua a se retrair e faz as palavras se projetarem além do significado, intensificando no leitor a causticante impressão de todas as frustrações humanas.

3. *O trágico do mistério*

As canções patrióticas ainda não explicitam o *leitmotiv* da obra leopardiana, a angústia do mistério em torno do destino humano, que constitui o núcleo da inspiração de "Bruto minore" e "Ultimo canto di Saffo".

Costuma-se dizer que estas duas canções resumem a tragédia do homem, no desespero de Bruto, nos lamentos de Saffo. Ambos se abismam na voragem do mistério.

Inicialmente, a tragédia de Bruto não se localiza no suicídio, mas na velhice do mundo e na solidão da humanidade, que sai da idade fabulosa do sonho para ingressar numa nova era sem a crença nos altos valores que, para Leopardi, povoam o mundo das ilusões. O desespero de Bruto ultrapassa o ceticismo de "A un vincitore nel pallone", onde o único ideal que sobrevive é deixar-se envolver pelos perigos, a fim de esquecer a vida desprezível e abjeta.

Na incompreendida e revoltante indiferença da natureza, silencia o enigma do universo, perante o qual Bruto e Saffo, depois de se verem defraudados do seu sonho, desesperam e morrem. Assim, percebemos a grandeza da figura de Bruto, na abertura do poema, a crescer do fundo da "atra notte", banhado de suor e sangue, solene e solitário no cenário magnífico.

O Bruto histórico, símbolo da fidelidade aos próprios princípios, derrotado nos campos de Filipe na Macedônia, tendo perdido a esperança de salvar a República, suicida-se. A Saffo poetisa e a Saffo famosa pelo amor não correspondido superpõem-se na criação leopardiana, reunidas no supremo malogro. Bruto e Saffo, transfigurados pela imaginação inventiva do poeta, elevam-se a heróis trágicos que viram destruída a razão última de sua existência: para um, a virtude, para a outra, o amor, ambos pertencentes à esfera da ilusão.

A "crise trágica" corresponde a um fracasso, a um desespero sem salvação. Nos *Canti,* a ilusão é fonte de felicidade quando não se deixa tocar pela consciência de seu caráter enganador. O fracasso de Bruto e Saffo surgiu com a tomada de consciência de que a idéia que os sustinha era uma ilusão. Bruto acusa a virtude:

> Stolta virtù, le cave nebbie, i campi
> Dell'inquiete larve
> Son le tue scole, e ti si volge a tergo
> Il pentimento*.
> (*C.* p. 115-116)

Os dois substantivos *nebbie* e *larve* e os dois adjetivos *cave* e *inquiete,* que associam imagens imprecisas e fluidas, insistem no novo significado da virtude — fantasma de névoa e ilusão. Daí o arrependimento, ritmicamente destacado, no isolamento do último verso.

Em lugar da imprecação de Bruto no fundo da "atra notte", Saffo se desmancha em suspiros, imersa na "placida notte":

> oh dilettose e care
> Mentre ignote mi fur l'erinni e il fato,
> Sembianze agli occhi miei**
> (*C.* p. 153)

O longo vocativo que os dois adjetivos *dilettose* e *care* inundam de ternura, fragmentando-se pela oração temporal na evocação de um estado passado, expressa o tumulto presente. O turbamento vem claro na contraposição entre o estado anterior e o atual: enquanto as erínias (aqui paixão desenfreada) e o destino eram ignotos, a natureza parecia bela. Note-se o emprego de *sembianze,* geralmente usado no plural, em referência ao aspecto exterior das coisas, não se desligando da forma arcaica *sembiare,* do étimo latino *simulare. Sembianze* associa-se semanticamente

---

* «Tola virtude, as vazias névoas, os campos/ dos inquietos fantasmas/ são as tuas escolas, e se move atrás de ti (tola virtude)/ o arrependimento.»
** «oh deleitosas e caras/ aparências aos meus olhos/ enquanto as erínias (paixão desenfreada) e o destino me foram ignorados.»

a *ignote:* no momento em que as erínias e o destino deixam de ser ignotos, o conhecimento entra em choque com as caras aparências e a ilusão morre.

> ...perir gl'inganni e il sogno
> Della mia fanciullezza*.
> (C. p. 162)

Em Saffo, os caros e deleitosos enganos perecem num suspiro, mas no significado contextual da violência de Bruto, a ilusão se converte em "stolta virtù", isto é, insensata, desde que se revelou à razão, sendo por esta rejeitada. Portanto a tomada de consciência do sentido ilusório da virtude e do amor preparam o estopim da crise trágica de Bruto e Saffo.

O "mundo" de Bruto se organiza a partir da virtude, o de Saffo, do amor. No momento em que a coerência se rompe por motivo da conscientização do caráter ilusório da idéia vital, irrompe o trágico. Sua força fatal manifesta-se com maior ímpeto em Bruto porque, uma vez ruído o seu "mundo", ele permanece no desespero altivo, tentando alijar a ilusão passada do pensamento, ao passo que Saffo não consegue separar-se do seu sonho morto.

Em "Bruto minore" a natureza serve de pano de fundo e, mesmo na alocução à lua, mantém-se à distância, mas na canção de Saffo é o próprio estado do eu dolente. Por isso, aí o clima lírico supera o trágico, enquanto em Bruto a colocação se inverte.

Saffo dissolve-se na paisagem, a paisagem dissolve-se em Saffo e tudo se dilui, até no fracionamento das estruturas frasais, nas quais os vocativos se sucedem no tumulto emocional, que desagrega os elos sintáticos.

Desfeita a magia do mundo da ilusão, a queda na desilusão conduz à constatação da força cega do destino e da desolada condição do homem. Bruto clama:

> Preme il destino invitto e la ferrata
> Necessità gl'infermi
> Schiavi di morte**.
> (C. p. 117-118)

Saffo pranteia!

---

* «...pereceram os enganos e o sonho/ da minha juventude.»
** «Preme o destino invicto e a férrea/ necessidade os enfermos/ escravos de morte.»

> Negletta prole
> Nascemmo al pianto, e la ragione in grembo
> De'celesti si posa*
> (*C*. p. 160)

A tragédia individual se projeta na tragédia do homem, escravo da morte, abandonada prole dos deuses.

No universo poético dos *Canti*, todas as vezes que o eu se encontra dominado pela desilusão, não escapa das perguntas fatais. A alusão de Bruto ao mito prometéico, pela denominação da espécie humana "figli di Prometeo", sintetiza a parábola do homem, já que o fogo roubado aos deuses para animar as estátuas de barro, simboliza a vida. O castigo de Prometeu é o castigo do homem, devorado não pelo abutre e sim pela sede de saber. Por isto o homem pergunta. Bruto, culpando os céus, Saffo, afogada em suspiros.

Nos dois se patenteia a crueza ou indiferença dos deuses, fechados no seu segredo, que o homem não consegue penetrar. Saffo questiona, todavia sabe que inutilmente.

> ...i destinati eventi
> Move arcano consiglio. Arcano è tutto,
> Fuor che il nostro dolor**.
> (*C*. p. 159)

Leopardi invariavelmente reage à marginalização do homem perante o arcano que move os destinos da criatura e o universo. Estamos às voltas com o poder da Linguagem, causa da ilusão e da desilusão, e da revolta contra a secreta presença. A situação de Saffo é a de impotência em relação à arcana lei que lhe veda o acesso a todo conhecimento, com exceção ao da dor. É a crise trágica do homem fadado à incoerência do sofrimento, depois de ter perdido a coerência com seu sonho, impossível sempre. Aí se arregimentam as perguntas sem respostas. É a tragédia da espécie humana que, inevitavelmente, cai da ilusão e, ao cair, sabe que não sabe mais nada, a não ser que está condenada à dor de não saber.

Na rebeldia de Bruto se agiganta a rebeldia do homem, em luta contra a sua condição, sem medir as conseqüências

---
* «Negligenciada prole,/ nascemos ao pranto, e a razão no seio/ dos celestes (deuses) repousa.»
** «...os destinados eventos/ move arcano conselho. Arcano é tudo,/ exceto a nossa dor.»

do seu querer ultrapassar os limites, rompendo com as próprias mãos as barreiras da morte. Luigi Russo pondera sobre o titanismo que anima a canção, como tendência característica de Leopardi. O titanismo é uma das feições do eu romântico, que se rebela contra os cerceamentos sufocantes, passando a desafiar a sociedade e Deus. Esse inconformismo, nos *Canti*, vem sobretudo da indignação contra o angustiante mistério do Ser.

O suicídio parece a Bruto a única atitude meritória de quem não está acostumado a ceder e se vê atingido pela mão vencedora do fado; na sua guerra mortal, o valente

> ...Indomito scrollando si pompeggia
> Quando nell'alto lato
> L'amaro ferro intride
> E maligno alle nere ombre sorride*.
> (*C*. p. 119)

O acento majestoso combina com o desdém do vencido, orgulhoso a sorrir às negras sombras da Morte. Negras porque ocultas. O sorriso maligno é de quem está a um passo da Verdade, a despeito dos deuses que a escondem e determinam o prazo da revelação:

> Spiace agli Dei chi violento irrompe
> Nel Tartaro**.
> (*C*. p. 119)

O Tártaro, da mesma forma que em outros poemas, é a suprema resposta. Aqui subjugada pela rebeldia de Bruto e pela cansaço de Saffo, após o desencontro da ilusão. Na parte final da canção, expira o último alento de Saffo, numa doçura triste, em contraste com o desdém de Bruto:

> Ecco di tante
> Sperate palme e dilettosi errori,
> Il Tartaro m'avanza; e il prode ingegno
> Han la tenaria Diva,
> E l'atra notte, e la silente riva***.
> (*C*. p. 162-3)

---

* «...indômito, sacudindo-se, se exalta/ quando no profundo flanco/ a amarga lâmina mancha/ e maligno às nebras sombras sorri.»
** «Desagrada aos Deuses quem violento irrompe/ no Tártaro.»
*** «Eis que de tantos/ esperados prêmios e deleitosas ilusões/ o Tártaro me resta; e o valoroso engenho/ têm a Deusa de Ténaro (Proserpina),/ e a tétrica noite, e a silente margem (do lago Averno, que os Antigos consideravam como a entrada dos Infernos).»

O Tártaro retém a solução do enigma. Staiger afirma que somente um espírito extraordinariamente conseqüente pode vir a conhecer o trágico, mas será destruído por ele. Terminará louco ou suicidando-se. O suicídio é o arremesso final aos limites do incompatível, aonde levou o questionamento "por que razão". O suicídio é a opção desesperada pela resposta. Quem chegou ao limite extremo da pergunta, não suporta mais o silêncio da resposta, como Bruto e Saffo, representando a situação extrema do homem. Tem razão Staiger ao concluir que o trágico não se pode expressar pura e diretamente na poesia. A palavra não atinge o inatingível do Ser, que escapa à compreensão de um mundo limitado. Ao se suicidarem, Bruto e Saffo se esquivam à palavra, impotente ao insondável. Bruto recusa até mesmo a fama de seu nome, preferindo o esquecimento da "vil caterva" e dos tempos piores que virão. Saffo imerge na "silente riva", onde sua voz se cala, porque ali o signo não penetra. Recorremos a Eduardo Portella:

não restam dúvidas de que os signos mobilizados pela literariedade são os signos da língua. O que isto não nos autoriza é a identificar o signo literário (entre-texto) com o signo lingüístico (texto). A rigor o signo literário é um anti-signo[27].

O Tártaro, a "tenaria Diva", a "atra notte", a "silente riva" saíram do âmbito do signo lingüístico. Seu sentido literal deslizou para a ambigüidade do anti-signo, só ele capaz de aproximar-se da totalidade do real, cuja fonte é a Linguagem. Sua força estruturante gera o grito de revolta de Bruto e o suspiro plangente de Saffo, que se extinguem ao mergulhar no desconhecido, deixando ouvir, no altíssimo silêncio do canto, a voz da Poesia.

4. *A nostalgia da Idade de Ouro*

Uma das constantes mais representativas dos *Canti*, como já afirmamos, é a nostalgia da Idade de Ouro, quando o homem vivia feliz na inocência paradisíaca. Na concepção leopardiana, o sofrimento resulta do afastamento deste estado oferecido pelas leis da natureza, daí, na obra, as insistentes alusões, mais ou menos desenvolvidas, a tal conceito.

O motivo se converte no tema de "Alla Primavera" e do "Inno ai Patriarchi", que tecem a exaltação da idade

27. PORTELLA, *Fundamento*..., p. 80.

fabulosa da humanidade, encontrando-se a causa da desgraça humana no abandono do estado natural e, por conseguinte, das ilusões benfazejas.

O hino destaca a idéia de que o homem não fora inicialmente fadado ao sofrimento e evoca a beatitude de Adão no mundo deserto. O "irrequieto ingegno"' dos homens, mais do que o "antico error" do pai da humanidade, ofendeu os céus e a natureza, tornando-os inimigos. Descendentes de Adão ou filhos de Prometeu, os homens resgatam a culpa da desobediência à lei natural da inocência.

A vida primitiva, em contato livre com a mãe natureza, permite a realização lírica da existência; entretanto, o hino não consegue criar um clima lírico intenso porque a evocação dos patriarcas e de sua vida guarda mais um distanciamento de reflexão que um envolvimento de contemplação. O estado edênico aí não vem liricamente recordado nem a ruptura da beatitude alcança o tom trágico, o mesmo ocorrendo com "Alla Primavera, o delle favole antiche", ambos muito longe das grandes realizações de Leopardi.

Apesar da restrição, parece-nos que "Alla Primavera" é melhor sucedida poeticamente que o outro poema, ao reviver a idade áurea no retorno da bela estação e, com ela, o antigo palpitar do coração.

O movimento centrífugo da dor pessoal, que em Bruto e em Saffo se prolonga na universal, agora procede em sentido inverso. A primavera ressuscita a natureza e os cansados mortais e, aos poucos, se apodera do eu. A desiludida e trágica "atra face del ver" não apaga definitivamente as ilusões do "gelido cor".

A canção lamenta os mitos antigos que imprimiam vida na natureza, quando as ninfas e os deuses transitavam nas fontes, nos rios, nos campos e nas selvas, mostrando-se amigos dos homens o ar, as nuvens, o sol e a lua. O Eco não era vão engano do vento, mas voz suspirante por infausto amor, enquanto as criaturas humanas se metamorfoseavam em plantas e animais.

Em "Alla Primavera" a nostalgia dos tempos passados se desenvolve no recordar lírico que, ao voltar a suave estação, desperta a emoção alheia ao tempo cronometrado, unindo passado e presente ao mesmo alento de vida:

> Vissero i fiori e l'erbe,
> Vissero i boschi un di*.
> (*C*. p. 131)

O acento proparoxítono da forma verbal *vissero*, reiterada, retarda a sibilante, onde ecoa o *i*, que se prolonga nos dois versos, conduzidos por um ritmo leve de alegria reencontrada.

E a natureza benigna volta a palpitar com os antigos mitos adormecidos, que despertam no despertar da criança que vive no fundo remoto de todos os homens.

E no fundo remoto de todos os homens lateja o vigor da Poesia que, no retraimento da conceituação, impregna de vida as flores e os bosques, enchendo o mundo de mitos. Muito embora o seu vigor não se manifeste plenamente nesta canção.

5. O infinito do Infinito

Entre as mais breves, talvez seja esta a mais bela composição de Leopardi, criadora da realidade dos intermináveis espaços e do tempo incomensurável:

> Sempre caro mi fu quest'ermo colle,
> E questa siepe, che da tanta parte
> Dell'ultimo orizzonte il guardo esclude.
> Ma sedendo e mirando, interminati
> Spazi di là da quella, e sovrumani
> Silenzi, e profondissima quiete
> Io nel pensier mi fingo; ove per poco
> Il cor non si spaura. E come il vento
> Odo stormir tra queste piante, io quello
> Infinito silenzio a questa voce
> Vo comparando: e mi sovvien l'eterno,
> E le morte stagioni, e la presente
> E viva, e il suon di lei. Così tra questa
> Immensità s'annega il pensier mio:
> E il naufragar m'è dolce in questo mare**.
> (*C*. p. 179-180)

Estamos imersos no ritmo da imensidão, cujo anda-

---

* Viveram as flores e a relva/ viveram os bosques um dia.»
** «Sempre cara me foi esta erma colina/ e esta sebe que de grande parte/ / exclui o olhar do último horizonte./ Mas sentando e mirando, interminados/ espaços além daquela e sobre-humanos/ silêncios e profundíssima quietude/ eu no pensamento finjo; onde por pouco/ o coração não se amedronta. E como o vento/ ouço sussurrar entre estas plantas, eu aquele/ infinito silêncio a esta voz/ vou comparando: e me recorda o eterno/ e as mortas estações e a presente/ e viva e o som dela. Assim entre esta/ imensidade se afoga o meu pensamento./ E o naufragar me é doce neste mar.»

mento amplo vai num crescendo, marcado quase pela ausência de fôlego, a cada passo que avança nos espaços, *interminati*, e no tempo, *eterno*.

Trata-se de um dos momentos mais plenos da disposição anímica lírica que absorve o eu, a paisagem desvanecente e o que nela se permeia, numa corrente que arrasta irresistivelmente de um onde para um quando inacessíveis à objetivação. Justifica-se perfeitamente a asserção de Staiger de que a disposição anímica pode apreender a realidade mais diretamente do que qualquer intuição ou o máximo grau de compreensão.

A ilusão do estado lírico ("io nel pensier mi *fingo*") capta a realidade sem precisar das muletas da compreensão, esmagada pela idéia do infinito, que traga o mundo exterior, subsistente no início apenas como trampolim para o salto na outra dimensão: o *ermo colle*, a *siepe*. A sebe encobre a visão do "ultimo orizzonte", mas o dado sensorial se torna secundário, ou melhor, sua exigüidade faculta a abertura do olho da imaginação. O *mirando* do 4.º verso já não pertence mais à vista e sim à contemplação ad-mirada de algo que escapa ao olhar ou o ilude, numa "miragem" encantada. Neste estado paradisíaco, não contaminado pelo *vero* insuficiente nem intoxicado pelas indagações trágicas, o eu se entrega à ilusão e se precipita no mistério.

Este canto, mais do que qualquer outro, dá a impressã de revelar o afã do poeta em exprimir o inexprimível do real extra-sensível e translógico. O discurso poético sempre se desvia das normas gramaticais porquanto o poeta, no seu empenho de manifestar a totalidade do real, desestrutura as estruturas lingüísticas a fim de tentar alcançar as dimensões que não podem ser representadas dentro das fronteiras do código.

Jean Cohen, que considera a norma do discurso poético a antinorma, destaca a importância da pausa ou silêncio que, na comunicação geral, não passa de uma detenção da voz, necessária ao falante para respirar. Fenômeno externo ao discurso, carregou-se de significação lingüística, pois a pausa coincide com o sentido. *"Todo verso, sin excepción posible,* va seguido de una pausa más o menos larga[28], gerando muitas vezes o conflito entre o metro e a

---

28. COHEN, Jean. *Estructura del lenguaje poético.* Madrid, Gredos, 1970. p. 59.

sintaxe no *enjambement*, cuja pausa métrica não tem valor semântico, separando unidades estreitamente solidárias. Esta ruptura do paralelismo fono-semântico ocorre em dez versos dos quinze de "L'Infinito".

Na combinação sintagmática normal, aos substantivos soldam-se adjetivos e pronomes adjetivos que, aqui, se desprendem da seqüência: *interminati, sovrumani, quello, questa*. A pausa métrica obriga a uma parada, uma suspensão causada pelo susto do homem à beira do desconhecido. A pausa se prolonga mais devido à extensão dos adjetivos polissílabos, *interminati, sovrumani, profondissima*; pertencentes ao campo semântico de grandeza, pretendem ansiosamente aproximar-se da representação impossível do irrepresentável.

O acento proparoxítono de *profondissima*, precedido dos obscuros *o* e seguido da sussurrante sibilante, submerge o eu na imensidão da paz sem limites, acentuada pela nirvânica palavra *quiete*, prolongada pela diérese. O emprego do superlativo neste adjetivo, o prefixo de negação de *interminati*, o prefixo indicativo de excesso em *sovrumani* insistem na tentativa de de-finir o Infinito inde-finível.

Os oito demonstrativos do poema operam na perfeita síntese dos planos do real concreto e do imaginário: inicialmente, *questo* e suas variações se referem ao primeiro plano, "questo ermo colle", "questa siepe", "queste piante", "questa voce", em contraposição a *quello*, do infinito distante. Na contemplação dos espaços imaginados, a sebe, que era *questa* no segundo verso, se faz *quella* no quinto, já mergulhada no infinito. O plano do imaginário, no final do canto, se aproxima em "questa immensità" e "questo mare", na completa integração dos dois níveis, que manifestam a Infinita Verdade. O discurso poético é uma dialética tensa do *questo* e do *quello*. E o incomparável idílio é verdadeiramente poesia por integrar o real na simultaneidade deste *este* e desse *aquele*.

Bigongiari chama a atenção para a organização do canto no tempo presente, dilatado e sublinhado, como por exemplo na forma perifrástica durativa "vo comparando". O único passado aparece em "Sempre caro mi fu", mas com efeito estendido ao presente.

Mais do que um "canto tutto presente", parece-nos um daqueles casos em que a recordação lírica integra futuro, presente e passado: "e mi sovvien l'eterno,/ E le morte stagioni, e la presente/ E viva, e il suon di lei". A etimologia de *sovvenire* nos remete ao conceito de *recordar*. *Subvenire*, significando vir no (do) fundo, é o mesmo que trazer de novo ao coração todas as faixas temporais. Como o discurso só pode organizar-se linearmente, as conjunções aditivas somam os elementos, mas sua intensificação precipitada expressa a fusão, numa coexistência unitária. Registramos ao todo onze conjunções aditivas que revelam, através da adição de todas as parcelas do mundo visível e do invisível, o desejo de atingir a integração na totalidade una.

O Infinito só se fez sentir na solidão do "ermo colle", onde o eu se ausentou do ruído finito, afundando nos "sovrumani silenzi" e no "infinito silenzio" para naufragar no "dolce mare" da Poesia Infinita.

6. *Os cantos da solidão*

Entre os temas afluentes da desilusão, figura o sentimento da solidão, um dos mais acordes com a atmosfera sofrida que paira nos *Canti*. Malagoli considera-o necessidade ao desenvolvimento da vida espiritual do poeta e do sentimento dominador, que se alarga do círculo individual para o da humanidade. E mais: a causa geradora da implacável ânsia em chegar ao âmago do seu ser.

O empenho em atingir a raiz do ser individual e universal encontra na solidão o refúgio para diluir e/ou fomentar a pena da sua irrealização, que é o móvel da realização dos *Canti*. A solidão, que permitiu o aprofundamento lírico no Infinito, dá margem a um meditar sobre o trágico passar do tempo e da juventude, diante do pássaro esquecido da primavera ("Il passero solitario") ou na calma paisagem lunar do dia festivo ("La sera del dì di festa"), que passa como tudo no mundo; e ainda no lamentar da perdida esperança para o coração tornado de pedra ("La vita solitaria"). Sempre se abre um abismo entre o que poderia ter sido na ilusão e o que ficou sendo na desilusão. Momigliano sintetiza o motivo soberano de toda a poesia leopardiana no sentimento de distância que separa esta vida da vida ideal.

Nesses três cantos opera-se, na solidão, a oscilação entre a consciência da realidade e a necessidade de refugiar-se no ópio da ilusão. O sentido altamente trágico de Bruto e Saffo reside na impossibilidade em reconquistar o mundo da ilusão, após o seu esfacelamento. Ao contrário, a conscientização da sua quebra trágica, nestes cantos que examinamos agora, induz a fuga lírica na solidão. Staiger afirma que um trecho lírico só desabrocha inteiramente na quietude de uma vida solitária.

A recusa aos prazeres próprios da idade juvenil, em "Il passero solitario", antecipa o odioso estado de velhice que, para Leopardi, equivale à morte da ilusão:

> A me, se di vecchiezza
> La detestata soglia
> Evitar non impetro,
> Quando muti questi occhi all'altrui core,
> E lor fia vóto il mondo, e il dì futuro
> Del dì presente più noioso e tetro,
> Che parrà di tal voglia?
> Che di quest'anni miei? che di me stesso?*
> (*C*. p. 177-8)

As perguntas se dirigem ao trágico vazio do mundo da velhice (tão bem expresso pela eficaz sinestesia dos olhos mudos) em relação ao não menos trágico presente do envelhecimento da ilusão, que leva ao questionamento angustiado, porque vão.

Os momentos líricos surgem na contemplação comovida da natureza em festa:

> Primavera dintorno
> Brilla nell'aria, e per li campi esulta,
> Sì ch'a mirarla intenerisce il core**.
> (*C*. p. 173)

A alternância do *i* e do *a*, entrecortados pela luminosidade do *l* e pela vibração alegre do *r*, espalha no poema o encanto primaveril, em contraste com a tristeza do pássaro, em que o eu lírico se projeta.

Em "La sera del dì di festa" a lua pousa sobre a paisagem campestre, tão perto de tudo, que penetra o eu lírico, condicionando um ver mais interno que externo.

---

* «A mim (que parecerá tal vontade), se de velhice/ o detestado limiar/ / não conseguir evitar,/ quando mudos estes olhos (forem) ao coração dos outros/ e lhes for vazio o mundo e o dia futuro/ mais tedioso e tétrico do que o dia presente/ que parecerá tal vontade (de ficar na solidão)?/ E estes meus anos (de juventude)? e eu mesmo?»

** «Primavra ao redor/ brilha no ar e pelos campos exulta/ de tal modo que contemplá-la enternece o coração.»

Na obra leopardiana a lua sempre se envolve nos componentes da paisagem e nas situações da alma, numa realização completa daquela disposição de que fala Staiger, em que o eu está nas coisas da mesma forma que as coisas estão no eu:

> Dolce e chiara è la notte e senza vento,
> E queta sovra i tetti e in mezzo agli orti
> Posa la luna, e di lontan rivela
> Serena ogni montagna*.
> (*C*. p. 184)

O ritmo calmo, na belíssima abertura do canto, acompanha a imobilidade da lua na noite estática, que nem o vento move, compondo a solidão serena que é a mesma, fora e dentro do eu lírico.

No contexto dos *Canti*, o dia de festa, que já aparecera em "Il passero solitario", em contraste com a tristeza do eu, se incorpora invariavelmente à juventude. O dia festivo metaforiza a ilusão que anima a felicidade, enquanto não dói o conhecimento de sua fugacidade.

Na noite enluarada imerge liricamente também o passado recordado, na alegria da espera da festa e na melancolia que sobrevinha depois, quando se ouvia, pelos caminhos, o canto do artesão "lontanando morire a poco a poco" e que já "stringeva il core", tal e qual fosse o mesmo do presente.

O canto ondula ao sabor das notas líricas, na contemplação da natureza, na evocação do passado, no sofrimento do amor, sempre voltados para a ilusão, e ao acento tragicamente desiludido pela recusa da natureza, ao consolo da esperança ("a te la speme/ nego"), prorrompendo no grito de revolta:

> Oh giorni orrendi
> In così verde etate!**
> (*C*. p. 188)

Invariavelmente neste clima brotam as interrogações trágicas:

---

* «Doce e clara é a noite e sem vento/ e quieta sobre os telhados e no meio dos quintais/ pousa a lua e de longe revela/ serena cada montanha.»
** «Oh dias horrendos/ em tão verde idade!»

> Or dov'è il suono
> Di que' popoli antichi? or dov'è il grido
> De' nostri avi famosi, e il grande impero
> Di quella Roma, e l'armi, e il fragorio
> Che n'andò per la terra e l'oceano?*
> *(C. p. 189)*

O passar do tempo, que engole passado, presente e futuro, não explica seu mistério nem responde aos porquês do homem:

> Tutto è pace e silenzio, e tutto posa
> Il mondo, e più di lor non si ragiona**.
> *(C. p. 189)*

Em "La vita solitaria" ocorre a mesma alternância entre a ternura lírica pelo mundo natural e simples e a revolta trágica contra a dor sentida, mas não explicada. O nascer do sol desperta os sentimentos adormecidos no coração que se fez de pedra:

> E sorgo, e i lievi nugoletti, e il primo
> Degli augelli sussurro, e l'aura fresca,
> E le ridenti piagge benedico***.
> *(C. p. 202)*

O não distanciamento entre o eu e a paisagem se exprime na singela construção frasal, em acordo com a singeleza daquele mundo criança, onde se registra a importância das impressões sensoriais sobre a formulação conceitual.

Após uma primeira contemplação da natureza, o eu recua e se distancia para julgá-la e condená-la pela sua indiferença face os homens:

> Alcuna
> Benché scarsa pietà pur mi dimostra
> Natura in questi lochi, un giorno oh quanto
> Verso me più cortese! E tu pur volgi
> Dai miseri lo sguardo.............
> .... In cielo,
> In terra amico agl'infelici alcuno

---

* «Agora onde está o som/ daqueles povos antigos? onde está o grito/ / dos nossos antepassados famosos e o grande império/ daquela Roma e as armas e o fragor/ que se espalhou pela terra e pelo oceano?»
** «Tudo é paz e silêncio e repousa/ todo o mundo e deles não se fala mais.»
*** «E surjo e as leves nuvenzinhas e o primeiro/ sussurro dos pássaros e a aura fresca/ e as risonhas plagas bendigo.»

> E rifugio non resta altro che il ferro*.
> (*C.* p. 203)

O aceno ao suicídio é a recusa trágica ao mundo da desilusão, onde a integração na natureza se torna difícil, em conseqüência de um afastamento que, quando não interroga, julga.

Mas a calma paisagem solitária tem um apelo irresistível e oferecerá o trâmite para uma segunda entrada no infinito, porém de proporções bem menos superlativas que a do famoso idílio:

> Ivi, quando il meriggio in ciel si volve,
> La sua tranquilla imago il Sol dipinge,
> Ed erba o foglia non si crolla al vento,
> E non onda incresparsi, e non cicala
> Strider, nè batter penna augello in ramo,
> Nè farfalla ronzar, nè voce o moto
> Da presso nè da lunge odi nè vedi.
> Tien quelle rive altissima quiete;
> Ond'io quasi me stesso e il mondo obblio
> Sedendo immoto, e già mi par che sciolte
> Giaccian le membra mie, nè spirto o senso
> Più le commova, e lor quiete antica
> Co' silenzi del loco si confonda**.
> (*C.* p. 204)

Enquanto em "L'infinito" as impressões sensoriais se apagam na vertigem, aqui servem de ponto de apoio para criar uma amplidão que, todavia, não atinge o incomensurável. Não mais o indefinível infinito silêncio, e sim um silêncio de-finido pela negação (sete vezes *non* e *nè* em cinco versos) do ruído de folhas, ondas, cigarras, pássaros, borboletas ou de qualquer movimento. A "profondissima quiete" da imaginação se faz agora neste trecho "altissima quiete", sentida concretamente nas proximidades do lago.

Nesta imensidade sensível, o eu naufraga e corpo e espírito se dissolvem liricamente na paisagem solitária. Ou

---

* «Alguma/ se bem que escassa piedade, todavia, a natureza/ me demonstra nestes lugares, um dia, oh quanto/ mais cortês para comigo! E todavia, tu desvias/ dos míseros o olhar... ...No céu,/ na terra (não há) nenhum amigo aos infelizes/ nem resta outro refúgio senão matar-se.»

* «Aí, quando o meio-dia no céu se estende/ o Sol pinta a sua tranqüila imagem/ e relva ou folha não se agita ao vento/ e (não ouves nem vês) onda encrespar-se, nem cigarra/ cantar, nem pássaro bater pena no ramo,/ nem borboleta voar, nem voz ou movimento/ de perto nem de longe ouves nem vês./ Têm aquelas margens altíssima quietude;/ onde eu quase a mim mesmo e o mundo olvido/ sentando imóvel e já me parece que soltos/ jazem os meus membros (e que) nem espírito ou sentido/ os movimenta mais (e que) sua calma (dos membros) antiga/ com os silêncios do lugar se confunde.»

a paisagem se defaz na pessoa, o que vem a dar no mesmo. A imobilidade das coisas e do homem é uma só na espessura daquele silêncio.

O não-distanciamento lírico cresce no esquecimento, "il mondo obblio", que deixa o domínio à esfera do *parecer* e, portanto, da ilusão ("e già mi par...").

O canto continua a oscilação entre o ilusório do estado lírico e a trágica percepção do engano, até o final, quando ocorre o defintivo refugiar-se na vida solitária.

O exame do fato literário exige sempre um alargamento além da circunscrição da língua e do signo, para o plano da Linguagem ou do Signo. Corroborando as palavras de Eduardo Portella, admitimos que, "em oposição aos signos, o Signo é o mais concentrado modo de ser da realidade"[29]. Uma vez que a obra literária manifesta a totalidade do real, nunca apreendido diretamente, não pode limitar-se às palavras, que são apenas referências à realidade estruturada. A presença do Signo, que não se rebaixa à representação mesquinha do signo, revela-se mais profundamente no insistente silêncio que se adensa sobretudo nos dois últimos poemas.

"La sera del dì di festa" é a hora do silêncio absoluto, em que "già tace ogni sentiero" e se ouve apenas o canto do artesão, vindo não mais do espaço dos caminhos nem do tempo perdido na infância remota. É um canto que vem do Silêncio sem espaço nem tempo e se expressa na voz do artesão, percorrendo a noite.

A lua pousada sobre as coisas mudas é o signo máximo do Signo, força integralizadora do poema, calando mais do que dizendo e dizendo mais, porque calando. Como na última longa estrofe de "La vita solitaria", a "dominatrice dell'etereo campo", preside do alto a morada dos homens e os signos da noite que se revelam sob a sua luz.

O Signo se manifesta com maior plenitude no silêncio dos olhos mudos do pássaro e no errar de quem vai "solingo e muto" por bosques e campos da vida solitária. No âmago da noite do dia de festa, "tutto è pace e silenzio". A língua retrocede, porque não abarca a imensa verdade que tortura Leopardi. Que signo pode representar o Signo?

---

29. PORTELLA, *Fundamento*..., p. 72.

7. O "ressurgimento" da ilusão

"Il Risorgimento" canta o renascer da ilusão após a fase de dor e inércia que se resume nesta estrofe:

> Piansi spogliata, esanime
> Fatta per me la vita;
> La terra inaridita,
> Chiusa in eterno gel;
> Deserto il dì; la tacita
> Notte più sola e bruna;
> Spenta per me la luna,
> Spente le stelle in ciel*.
> (C. p. 245)

Defrontamo-nos com o estado de abatimento e prostração de quem viu seu "mundo" abater-se, o próprio cansaço trágico de que fala Staiger.

A partir do princípio de que as palavras, encaradas na base de seus radicais, se distinguem em nominais e verbais, conforme a sua representação se faça de modo estático ou dinâmico, constatamos nos oito citados versos apenas uma forma verbal no modo indicativo, *piansi*, tratando-se pois do único valor dinâmico encontrado no trecho, entretanto, no aspecto concluso da ação no pretérito perfeito. As demais palavras apresentam o caráter estático do nome, oito substantivos e sete adjetivos, aos quais se combinam os particípios *fatta, chiusa, spenta, spente*.

Os adjetivos *spogliata* e *esanime* qualificam o estado de abatimento do eu, projetado numa extenuação cósmica, que se amplia em gradação crescente, da terra às estrelas, fechando o círculo do dia deserto e da noite tácita.

A lua, a companheira lua de tantos cantos, não habita os céus da noite escura, apagada no isolamento do eu enclausurado dentro de seu próprio cerco.

Na estrofe que dá início ao "ressurgimento", a inércia ainda se faz notar, expressivamente transfigurada na lentidão rítmica e na pesada carga fonêmica da estática seqüência de *a* e das sombrias nasais do primeiro verso:

---

* «Chorei a vida feita para mim despojada, exânime;/ a terra tornada árida,/ fechada em eterno gelo;/ deserto o dia; a tácita/ noite mais só e escura;/ apagada para mim a lua, apagadas as estrelas no céu.»

> Chi dalla grave, immemore
> Quiete or mi ridesta?*
> (*C*. p. 249)

O acento proparoxítono e a pausa métrica do *enjambement*, rompendo o elo sintagmático entre o adjetivo e o substantivo, destacam a imobilidade daquela *quiete* sem vida, que agora desperta, numa súbita acelaração do ritmo, suspenso na surpresa da interrogação. O longo vocativo seriado reforça o espanto daquele estado imprevisto:

> Moti soavi, immagini,
> Palpiti, error beato,
> Per sempre a voi negato
> Questo mio cor non è?**
> (*C*. p. 249)

O rápido acúmulo da seriação vem do tumulto do novo estado lírico, nesta reintegração na vida e na natureza, que a construção paratática sublinha, irmanando tudo na disposição anímica:

> Meco ritorna a vivere
> La piaggia, il bosco, il monte;
> Parla al mio core il fonte,
> Meco favella in mar***.
> (*C*. p. 249)

Os breves versos "settenari" imprimem no poema um ritmo leve que saltita na alegria da redescoberta do mundo criança, ressurgido do torpor.

Todavia, o recuperar da ilusão não ilude a certeza da impassibilidade da natureza, identificada agora ao cego poder, numa constatação da "infausta verità" sabida, que a reiteração do *so* enfatiza:

> Dalle mie vaghe immagini
> So ben ch'ella discorda!
> So che natura è sorda,
> Che miserar non sa****.
> (*C*. p. 250)

A insistência no saber do estado ilusório demonstra a necessidade vital daquele mundo para a sobrevivência

---

* «Quem da grave, imêmore/ calma agora me desperta?»
** «Movimentos suaves, imagens,/ palpitações, engano bem-aventurado/ para sempre a vós negados/ este meu coração não é?»
*** «Comigo retorna a viver/ a praia, o bosque, o monte;/ fala ao meu coração a fonte,/ comigo conversa o mar.»
**** «Das minhas belas imagens/ sei bem que ela discorda!/ Sei que a natureza é surda,/ que não sabe compadecer-se.»

do eu; instala-se o distanciamento que perturba a pureza lírica, incompatível com o defrontar-se objetivo do conhecimento, mas vem superado pela força irresistível da ilusão, que volta e domina, apesar de conscientemente ilusão, nos enganos *noti:*

> Pur sento in me rivivere
> Gl'inganni aperti e noti;
> E de' suoi propri moti
> Si maraviglia il sen*.
> (C. p. 252)

Neste colóquio com o coração, registramos a repetição de *cor* dez vezes, além das variantes *seno* e *petto*, duas vezes cada. A palavra ecoa ainda na tessitura fônica do poema, expandindo-se em *dolor* (quatro vezes), *amor* (três vezes), *valor, ardor, error* (duas vezes), *sopor, or, ancor, morto, giorno, intorno* etc.

O canto é todo um falar ao coração e do coração, nas vacilações por que passou. O "cor profondo" dos "dolci affanni" se reduz ao "cor gelato", até que, quase "perduto e morto" se abandonou, para, no final, se tornar "ogni conforto" da existência.

O coração redivivo é a síntese do coração profundo das ilusões sem o conhecimento e do morto coração do conhecimento sem ilusões. Desta síntese provém a integração poética do ressurgimento à vida e à Poesia.

O coração aqui atua na função de signo máximo do Signo, que nele imprime sua força estruturante, para a estruturação do canto, no seu palpitar dolorosamente alegre.

8. *O motivo da jovem morta*

Em "Il sogno", "A Silvia" e "Le ricordanze", apresenta-se um dos motivos mais insistentes do sentimento leopardiano, a jovem morta "nel fior degli anni", variação do mito da Idade de Ouro da vida, época feliz dos prazeres inocentes.

A propósito de "Il sogno", Zottoli ressalta a afirmação da jovem morta como desdobramento do próprio eu, o que podemos estender também a Silvia e a Nerina, conforme veremos em breve.

---

* «Mas sinto em mim reviver/ os enganos abertos e conhecidos;/ e dos seus próprios movimentos/ o coração se espanta.»

A juventude equivale à idade áurea, antes do advento
da razão, que vem demonstrar a falacidade do sonho
beatífico:

> nel fior degli anni estinta,
> Quand'è il viver più dolce, e pria che il core
> Certo si renda com'è tutta indarno
> L'umana speme*.
> (C. p. 195)

A conscientização da inconsistência do sonho é a
perda trágica da ilusão, que faz parte da velhice odiosa:

> Giovane son, ma si consuma e perde
> La giovanezza mia come vecchiezza**.
> (C. p. 197)

A rima entre *giovanezza* e *vecchiezza,* aproximando, pelo
significante, o significado, enfatiza a amargura da antítese,
transformada em sinonímia.

A fala da amada é triste, mas sem revolta. O ritmo
cadenciado das breves orações indica o cansaço da desgraça fatal, num suspiro de quem chora sem gritar:

> Nascemmo al pianto,
> Disse ambedue; felicità non rise
> Al viver nostro; e dilettossi il cielo
> Dei nostri affani***.
> (C. p. 197)

O diálogo é monólogo trágico, já que a amada morta
na juventude significa a própria ilusão que morre. Na
verdade, o diálogo se passa entre o eu vivo da desilusão
e o eu morto da ilusão, daí o eu sobrevivente, ou melhor,
subvivente, vir assaltado pela dúvida:

> Ahi ahi, che cosa è questa
> Che morte s'addimanda?****
> (C. p. 197)

O mistério é tão incompreensível que a própria pergunta se propõe com signos sem referência definida: as
duas interjeições, o pronome adjetivo interrogativo *che,*
o substantivo *cosa,* de valor vago e impreciso, o demons-

---

* «Na flor dos anos extinta,/ quando o viver é mais doce, e antes que o coração/ se certifique de como é inteiramente em vão/ a humana esperança.»
** «Sou jovem, mas se consuma e perde/ a minha juventude como a velhice.»
*** «Nascemos ao pranto,/ ambos, disse; felicidade não riu/ ao nosso viver; e alegrou-se o céu/ com os nossos tormentos.»
**** «Ai, ai, que coisa é esta/ que se chama morte?»

77

trativo *questa,* quase neutro, por determinar *cosa* e o pronome relativo *che,* remetendo também para *cosa.* A cacofonia da desagradável aliteração acentua o estado de angústia diante da pergunta.

A indiferenciação fônica e a indeterminação significativa diluem o sentido que, ao se debilitar, adquire maiores possibilidades de acenar para o indizível. Aí o poema deita suas raízes e cresce, sempre na esperança de que a língua deixe entrever o fruto proibido.

Quando o sonho do sonho se desfaz, à luz do sol, a morta ilusão permanece na ilusão da ilusão, fundindo liricamente o frágil fantasma nas pupilas despertas, cobertas de pranto:

> Allor d'angoscia
> Gridar volendo, e spasimando, e pregne
> Di sconsolato pianto le pupille,
> Dal sonno mi disciolsi. Ella negli occhi
> Pur mi restava, e nell'incerto raggio
> Del Sol vederla io mi credeva ancora*.
> (*C.* p. 200)

Por mais que morra a ilusão, permanece viva no poema, tensionada com o real imediato da desilusão. O Sol que possibilita a visão da amada no seu incerto raio, é a luz da Poesia, que tece as invisíveis redes de um sonho de amor na angústia do canto.

O trágico monólogo de "Il sogno" se desenrola no mundo interior dos sentimentos, longe das impressões sensíveis, que tornam mais palpáveis as evocações de Silvia e Nerina, muito embora se trate também de desdobramentos do eu lírico.

"A Silvia" se coloca ao lado das obras-primas da inspiração de Leopardi, "miracolo della perfetta poesia", no dizer de Tonelli. Compõe-se de duas partes bastante demarcadas pela diferença dos estados de ânimo, no início, a evocação do passado de suaves alegrias, depois, as amargas desventuras. O lírico da ilusão e o trágico da desilusão. À proporção que o eu se afasta, o enlevo cede à revolta.

---

* «Então de angústia/ querendo gritar e em convulsões e cheias/ as pupilas de desconsolado pranto/ do sono me soltei. Ela, nos olhos/ todavia, me ficava e, no incerto raio/ do Sol, eu acreditava vê-la ainda.»

A recordação lírica, até o verso 35, estabelece o não-distanciamento entre o presente e o passado, através da evocação da amada, que perdura, intensamente assinalada no aspecto permansivo das formas verbais, predominantes no imperfeito:

> Silvia, rimembri ancora
> Quel tempo della tua vita mortale,
> Quando beltà splendea
> Negli occhi tuoi ridenti e fuggitivi,
> E tu, lieta e pensosa, il limitare
> Di gioventù salivi?*
> (*C.* p. 254)

A famosa abertura, tão enaltecida pelos críticos, ressalta a quase imaterialidade da adolescente, entrevista apenas nos inesquecíveis olhos "ridenti e fuggitivi", que parecem escapar à fixação da imagem e que, no entanto, concentram toda a sua vida poética.

Desdobramento do eu lírico também aqui, na medida em que a imagem fugaz da juventude de Silvia se sobrepõe à do poeta, que, ao falar à amada, fala a si mesmo.

> Lingua mortal non dice
> Quel ch'io sentiva in seno**.
> (*C.* p. 259)

Staiger chama a atenção para a contradição existente entre o lírico e a essência da linguagem, pois a palavra registra o mundo por meio de conceitos, sendo incapaz de exprimir o sentimento puro. Nenhuma "lingua mortal" poderia dizer o que Silvia fazia sentir. É a mesma incompetência da língua diante do mistério. A própria palavra renuncia ao dizer e prefere retroceder ao não dito, que adquire espessura onde se faz ouvir a voz da Poesia. A frase exclamativa que se segue, vem quase vazia de significado, envolvida na musicalidade das brandas sibilantes que ressoam o nome de Silvia:

> Che pensieri soavi,
> Che speranze, che cori, o Silvia mia!***
> (*C.* p. 259)

A frase sem verbos fragmenta-se pelo intenso sentimento,

---

* «Silvia, lembras ainda/ aquele tempo da tua vida mortal,/ quando beleza resplandecia/ nos teus olhos risonhos e fugitivos/ e tu, alegre e pensativa, o limiar/ de juventude subias?»
** «Língua mortal não diz/ o que eu sentia no peito.»
*** «Que pensamentos suaves,/ que esperanças, que anseios, oh Silvia minha!»

num queixume quase mudo, que se prolonga por mais
alguns versos, até se converter no protesto do inevitável
questionamento:

> O natura, o natura,
> Perchè non rendi poi
> Quel che prometti allor? perchè di tanto
> Inganni i figli tuoi?*
> (C. p. 260)

A natureza encantada do estado lírico se converte em
traiçoeira, à proporção que o distanciamento avança em
direção ao sentimento trágico crescente:

> Questo è quel mondo?**
> (C. p. 262)

O demonstrativo *questo* se refere ao mundo demolido que
soçobrou do antigo, *quel,* numa contraposição mais desesperadora na identidade fônica da aliteração, a testemunhar
a ironia do engano. A sibilante soa com ruído de chicotada
na brevidade da frase.

A retomada aliterante do demonstrativo dá prosseguimento ao protesto. Destacado pela pausa métrica,
abrange toda a seriação, que se desencadeia, não precipitada, mas cadenciadamente:

> Questo è quel mondo? questi
> I diletti, l'amor, l'opre, gli eventi
> Onde cotanto ragionammo insieme?
> Questa la sorte dell'umane genti?***
> (C. p. 262)

A elipse do verbo de ligação tende a neutralizar a função
de sujeito dos dois últimos demonstrativos, sintoma do
indignado desprezo por tudo que sobrou. A retomada final
do demonstrativo indica o ampliar-se do sentimento individual no coletivo.

As novas perguntas em relação ao mesmo mistério
continuam sem respostas. O mesmo silêncio esmagador,
trágico, que o homem não ultrapassa e que o persegue, a
partir do momento em que as ilusões se desfazem. O
silêncio das respostas é a fria morte que oculta o segredo:

---

* «Oh natureza, oh natureza,/ por que não concedes depois/ aquilo que prometes então? por que de tanto/ enganas os teus filhos?»
** «Este é aquele mundo?»
*** «Este é aquele mundo? estes/ os prazeres, o amor, as obras, os eventos/ dos quais tanto conversamos juntos?/ Esta (é) a sorte dos humanos?»

> All'apparir del vero
> Tu, misera, cadesti: e con la mano
> La fredda morte ed una tomba ignuda
> Mostravi da lontano*.
> (*C*. p. 262-3)

Segredo frio que as ríspidas oclusivas e as tristes nasais calam. Silvia nem sequer fala. Com um gesto mudo, aponta a tumba nua, onde a palavra não entra, porque ali se encobre o indevassável segredo do Ser.

A presença de Nerina, no longo poema "Le ricordanze", de certo modo prossegue a de Silvia. No entanto, a jovem morta da composição anterior não se entrelaça, como nesta, a outros motivos de reminiscências da infância nem a situações várias e aventuras da alma, no passado e no presente, sem contar com a atuação de uma natureza bem mais empenhada na emoção do canto.

O retorno ao vago mundo perdido ora se dispersa na recordação, ora se delineia na memória. Encontramos a atitude dominadora da organização unitária dos *Canti*, isto é, a certeza da urgência em reconstituir a ilusão desvanecida:

> O speranze, speranze; ameni inganni
> Della mia prima età! sempre parlando
> Ritorno a voi; che per andar di tempo,
> Per variar d'affetti e di pensieri,
> Obbliarvi non so**.
> (*C*. p. 273)

O desnudo vocativo reiterado repercute o apelo, suspirado no murmúrio obstinado dos fonemas /s/ e /z/. Assim como o poeta não sabe esquecer as esperanças, também não pode deixar de as contrapor, imediatamente a seguir, à verdade amarga, proferida não aos brados, mas resmungada entre os dentes e contida significativamente na seqüência de oclusivas dentais:

> Fantasmi, intendo,
> Son la gloria e l'onor; diletti e beni
> Mero desio; non ha la vita un frutto,
> Inutile miseria***.
> (*C*. p. 273)

---

* «Ao aparecer da verdade/ tu, mísera, caíste: e com a mão,/ a fria morte e uma tumba nua/ mostravas de longe.»
** «Oh esperanças, esperanças; amenos enganos/ da minha tenra idade! sempre falando/ retorno a vós; que com o passar do tempo/ com o variar de afetos e de pensamentos,/ não sei esquecer-vos.»
*** «Fantasmas, entendo,/ são a glória e a honra; prazeres e bens/ mero desejo; não tem a vida um fruto,/ inútil miséria.»

Esta verificação trágica se conjuga à totalidade da obra, em expressões proverbiais do sentimento leopardiano, qual o doloroso "Nascemmo al pianto" de "Il sogno" (v. 55), que também comparece no canto de Saffo (v. 48).

O trágico se insere todas as vezes que a recordação se transforma em memória e o passado se distancia, em oposição e não em integração com o presente:

> A voi ripenso, o mie speranze antiche,
> Ed a quel caro immaginar mio primo;
> Indi riguardo il viver mio sì vile
> E sì dolente, e che la morte è quello
> Che di cotanta speme oggi m'avanza*.
> (C. p. 274)

O tema da esperança testemunha a diversidade de atitude no primeiro trecho transcrito deste canto, em relação ao último. A utilização da forma verbal *ritorno*, na afetividade de sua nuance de recordação, está de acordo com a integração lírica de um retorno ao coração, ao passo que *ripenso*, no seu significado intelectivo, se refere a algo pertencente a um tempo longínquo, recuperado pela memória, para o julgamento trágico do que restou, após o fim da esperança. No primeiro caso, o presente e o passado se unificam, no segundo se antagonizam.

Apesar de tudo, o trágico neste canto não se apresenta tão doloroso quanto em "A Silvia", devido ao poder da recordação, que sufoca o questionamento, fazendo as interrogações atuarem mais como exclamações. Nerina se infunde na paisagem noturna, iluminada pelas eternas "vaghe stelle dell'Orsa". Nerina passou, porém vive liricamente em sua ausência-presença na terra natal e na janela deserta, à luz de um raio triste de estrela, pois continua, no coração, tão viva quanto outrora.

> Ahi Nerina! In cor mi regna
> L'antico amor**.
> (C. p. 279)

O que equivale a dizer que ficou presente na re-cor-dação. *Cor*, repercutindo fonicamente em "antico amor", funde

---

* «Em vós repenso, oh minhas esperanças antigas,/ e naquele meu primeiro caro imaginar;/ depois eu reconsidero o meu viver tão vil/ e tão dolente, e vejo que a morte é o que/ me resta de tanta esperança.»
** «Ai Nerina! No coração me reina/ o antigo amor.»

os significados literais, que se dissolvem pela força do anti-signo poético, num envolvimento que excede o mero signo.

O lírico prevalece porque a ilusão e a desilusão acabam conciliadas na recordação. O título do poema é absolutamente coerente com o conceito de lírico que estamos adotando.

Ao contrário da amada de "Il sogno", que fala, e mesmo de Silvia que, no início, inunda o "maggio odoroso" com seu canto, Nerina é uma presença totalmente silenciosa:

> Ove sei, che più non odo
> La tua voce sonar...*
> (C. p. 278)

À sombra das "ri-cor-danze", o silêncio de Nerina provém dos "inenarrabili", indizíveis dias da juventude e mergulha no lado oculto do real, o velado do Ser.

9. Colóquios com a lua

Numa obra como os *Canti*, cujo tema assume função de dado organizador e unificador, não se pode isolar um poema de seu relacionamento com o todo, ligando-se a apreensão do "Canto notturno" à totalidade estrutural.

O fato de não vir explicitada a ilusão, não nos leva a concluir sobre sua ausência. Ou melhor, sua ausência se faz presente como responsável pelo estado de tédio do pastor errante, solitário na noite lunar e no silêncio universal, a indagar em vão as razões de sua vida, da dos astros, do infinito do céu.

Staiger demonstrou que o trágico "não frustra apenas um desejo ou uma esperança casual, mas destrói a lógica de um contexto"[30]. Ora, a lógica do contexto leopardiano é a ilusão, objetivo último que, ao ser destruída, institui o estado de desespero ou tédio. O novo contexto, desprovido de lógica, arrasa o homem que "terminará louco ou suicidando-se, a menos que o cansaço cubra sua alma com uma sombra protetora"[31]. O tédio é esta sombra protetora que acoberta o pastor e empresta ao poema seu

---

* «Onde estás, que eu mais não ouço/ a tua voz soar...»
30. STAIGER, *op. cit.*, p. 148.
31. *Ibidem*, p. 152.

tom pacato e cansado de aceitação do irrevogável. A certeza de que "nasce l'uomo a fatica" vem proferida à guisa de mera verificação, sem o lacrimoso acento de Saffo ao inferir que "nascemmo al pianto". O lamento de Saffo atinge a dor da humanidade, enquanto a meditação do pastor se alarga ao destino do universo, daí ter sido considerada poesia verdadeiramente cósmica. Nem mesmo a passagem do geral para o particular altera a impassibilidade do pastor, diante do fato consumado, sem apelo: "a me la vita è male".

O tédio que domina o pastor deriva da insolúvel problemática do *vero* implacável. Desfeitas as ilusões, o homem envereda fatalmente nos porquês irrespondíveis. O canto se inicia com duas interrogações:

> Che fai tu, luna, in ciel? dimmi, che fai,
> Silenziosa luna?*
> (*C.* p. 281)

Quer seja a formulação ingênua do pastor, quer se trate da mais elaborada sistematização filosófica, a pergunta fundamental permanece a mesma, desde tempos imemoriais. Num deserto sem mapa, numa hora sem data, um homem sem nome cumpre a sina do peregrino da existência. Amarrado a seus limites, o pastor fiel à sua condição humana, pensa e interroga:

> Dimmi, o luna: a che vale
> Al pastor la sua vita,
> La vostra vita a voi? dimmi: ove tende
> Questo vagar mio breve,
> Il tuo corso immortale?**
> (*C.* p. 283-4)

O colóquio do pastor com a lua resume toda a concepção pessimista do poeta, voltada sempre para a infelicidade fatal do homem, cuja angústia suprema consiste no ignorar as causas primeiras e últimas da sua vida.

Note-se á diferença deste monólogo, escrito entre 1829 e 1830, e o composto dez anos antes, no breve idílio "Alla luna", ainda uma queixa contra os desenganos da juventude.

---

* «Que fazes tu, lua, no céu? Dize-me, que fazes,/ silenciosa lua?»
** «Dize-me, oh lua: para que serve/ ao pastor a sua vida,/ a vossa vida a vós (astros)?/ dize-me: para onde vai/ este meu breve vagar,/ (e) o teu curso imortal?»

A "graziosa luna", a "diletta" confidente dos anseios juvenis se transformou na "silenziosa luna", "pensosa" e fria do maduro canto do pastor. O título inicial do idílio "La ricordanza", se adere à sua afetividade lírica, em que a lua se deixa tocar pela mesma angústia do eu e estremece aos seus olhos trêmulos de lágrimas. Dissolvem-se sujeito e objeto na música da linguagem, perpassada pelo tremor da consoante líquida *l*:

> Ma nebuloso e tremulo dal pianto
> Che mi sorgea sul ciglio, alle mie luci
> Il tuo volto apparia...*
> (*C.* p. 191-2)

O sofrimento não é trágico porque o poema se estrutura no clima da ilusão, onde não há lugar para o questionamento. A esperança persiste ainda e permite o recordar lírico, que se gratifica com as passadas coisas, mesmo se tristes.

O fervor de "Alla luna" vai aos poucos arrefecendo, até atingir a aridez do "Canto notturno", resultante da inaptidão para reabilitar o caro mundo da ilusão. Dois modos diversos de apelar para a amiga lua, em conformidade com os divergentes estados de alma.

A lua do pastor errante é a senhora do enigma que aguilhoa o homem privado do véu protetor da ilusão:

> E tu certo comprendi
> Il perchè delle cose, e vedi il frutto
> Del mattin, della sera,
> Del tacito infinito andar del tempo.
> ....
> Mille cose sai tu, mille discopri,
> Che son celate al semplice pastore
> ....
> tu per certo,
> Giovinetta immortal, conosci il tutto**.
> (*C.* p. 286-9)

Ao invés de sentir, a lua agora pensa. Não chora mais, entende. Curioso observar o campo semântico do poema, com recorrência de palavras de cunho intelectivo, como *pensosa, intendi, comprendi, vedi il frutto..., sai* (2 vezes)

---

* «Mas nebuloso e trêmulo do pranto/ que me surgia no cílio, aos meus olhos/ o teu rosto aparecia...»
** «E tu certamente compreendes/ o porquê das coisas e vês o fruto/ da manhã, da noite,/ do tácito infinito andar do tempo/ ...Mil coisas sabes tu, mil descobres/ que são ocultas ao simples pastor/ ...tu, por certo, jovem imortal, conheces tudo.»

85

discopri, conosci. Totalmente diversa da atitude frente à imensidão, no submergir lírico do idílio "L'infinito".

> E quando miro in cielo arder le stelle
> Dico fra me pensando:
> A che tante facelle?
> Che fa l'aria infinita, e quel profondo
> Infinito seren? che vuol dir questa
> Solitudine immensa? ed io che sono?*
> (*C.* p. 288)

O infinito sem fronteiras de outrora se confunde com a linha do horizonte que une o céu e o "deserto piano". O reino da ilusão ao qual se entregara o eu sem reservas, no puro embevecimento, se distancia no interrogatório obstinado sobre os quês sem porquês. A "solitudine immensa" não convida ao êxtase, mas à indagação, nas várias perguntas que cruzam o canto.

A lua distante, pensativa e silenciosa, dona de todas as respostas proibidas, além de calar, pouco se importa com o estado dos homens:

> Se la vita è sventura,
> Perchè da noi si dura?
> Intatta luna, tale
> É lo stato mortale.
> Ma tu mortal non sei,
> E forse del mio dir poco ti cale**.
> (*C.* p. 286)

A monotonia desagradável das rimas traduz a uniformidade enfadonha do fastio de viver. A rima *tale/mortale,* que aparece pela segunda vez, simplifica ironicamente, graças à pesada carga de neutralidade do demonstrativo, a humana condição.

Rimando com *sventura,* a palavra *dura,* dotada da mesma plurivalência significativa do fecho de "Alla luna", explora os efeitos da polissemia. Eduardo Portella considera a ambigüidade o traço identificador do fato literário, valendo-se desta noção, tão difundida nas estéticas contemporâneas, porém numa outra perspectiva:

A ambigüidade ganha corpo quando a sobrecarga impulsiva da *linguagem* transborda os limites da *língua.* O que vale dizer:

---

* «E quando contemplo no céu arder as estrelas/ digo a mim mesmo, pensando:/ para que servem tantos lumes?/ Que faz o ar infinito e aquele profundo/. infinito sereno? que quer dizer esta/ solidão imensa? e eu que sou?»
** «Se a vida é desventura,/ por que nós a suportamos?/ Intacta lua, tal/ é o estado mortal./ Mas tu mortal não és/ e talvez do meu dizer pouco timportes.»

é o máximo de presença da *linguagem* no espaço mínimo da *língua*[32].

Sob o impulso da Linguagem, a palavra *dura* perde o contorno significativo e desliza de um sentido para outro. A denotação remete ao verbo *durare*, suportar, que se conota no adjetivo *dura*, cruel, sugestionado pela transposição do pronome *si* para a nuance modal do advérbio *sì*, assim. Esse mínimo de presença da língua atesta uma permeabilidade maior à atuação da Linguagem. Sob o seu estímulo, o poeta, sequioso de exprimir o real, torna a palavra flutuante, libertando-a das tenazes coerções do conceito lingüístico. A abertura plurissignificativa é a saída para o escritor manifestar a realidade e se aproximar sempre mais do Ser. É também uma modalidade de impor silêncio à referência intransigente do código e do dicionário. Todas as estrofes se fecham com a batida seca do mesmo som: *immortale, mortale/tale, cale, male, assale, natale*. Como último verso do poema:

> É funesto a chi nasce il dì natale*.
> (*C*. p. 292)

Ampliação coletiva do pessoal " a me la vita è male" (v. 104).

Francesco Flora acha que Leopardi deu ao seu intérprete, o pastor errante, uma profundidade de tragédia em relação ao problema do viver humano e do viver cósmico. De fato, a tragédia do pastor é a própria tragédia do homem em busca do conhecimento.

A lua sabedora do mistério personifica a força desconhecida que move o universo e traça o itinerário dos mortais. Não é a própria força da Linguagem, fonte de toda realidade? A respeito de sua influência na estruturação de "La sera del dì di festa", consideramos a lua como signo supremo do Signo. Aqui podemos afirmar que a Lua é uma outra denominação do Signo. Silenciosa no deserto infinito, retém o enigma do Ser. Mas isto não é coisa que se diga e sim a recôndita força que impele a dizer. E a indagar sobre o mistério que não se faz signo e se entrevê no anti-signo do poema, que silencia mais do que significa.

---

32. PORTELLA, *Fundamento...*, p. 62.
* «É funesto a quem nasce o dia natal.»

10. *O vazio existencial*

Nas duas composições "La quiete dopo la tempesta" e "Il sabato del villaggio", o eu poético, desfalcado de seus sonhos e imerso no vazio, adota para com a natureza e para si mesmo uma atitude especulativa ou de mero espectador.

Ambas as composições se iniciam com descrições de cenários da natureza, que se mantêm extrínsecos ao sentimento. Na primeira, a paisagem, os animais e as pessoas regozijam-se após a tempestade, na outra, os quadros campestres da preparação da festa ocupam dois terços do canto.

Em conformidade com o que já verificamos, todas as vezes que na obra leopardiana as ilusões são recordadas, cria-se a disposição anímica que permite a identificação com as coisas. Entretanto, nestes dois poemas, o tom lírico decai por motivo da organização descritiva que, ao invés do um-no-outro lírico, coloca o sujeito diante do objeto. A razão de ser das cenas da natureza nos dois casos está fora do poeta, que não consegue diluir-se naquele mundo distante, embora desejado.

Partindo do princípio de que a ironia é um dos vários aspectos do cômico, lembremos a observação de Staiger:

> O homem é, contudo, uma criatura tenaz e a mesma sina de limitação, que o ameaça de desespero trágico, abre-lhe uma saída inesperada para a comodidade do cômico. Se dizemos que o trágico faz explodir os contornos de um mundo, diremos do cômico que ele extravasa as bordas desse mundo e acomoda-se à margem numa evidência despreocupada[33].

A mesma sina de limitação que em outras composições se dirige para o trágico, em "La quiete dopo la tempesta" concilia-se na ironia.

O trágico e o cômico correspondem a necessidades vitais, os dois extremos da aventura do homem, quando se eleva acima de si mesmo ou rasteja nas próprias limitações. Não podendo transcender seu horizonte, o poeta atira seu sorriso amargurado, mais uma contração muscular nervosa que sorriso, contra o férreo bloqueio. O poema

---

33. STAIGER, *op. cit.*, p. 153.

procura demonstrar ser a alegria humana simplesmente um alívio momentâneo do sofrimento, uma breve bonança após a tempestade.

O cortante verso "piacer figlio d'affanno"* dá início ao tom irônico, dentro do qual a alegria da natureza, dos bichos e da gente aparece como engano cruel:

> Gioia vana, ch'è frutto
> Del passato timore, onde si scosse
> E paventò la morte...
> Chi la vita abborria...**
> (C. p. 298)

A natureza que impõe a limitação ao homem e, muitas vezes, o leva ao desespero trágico, porque faz explodir o contorno do mundo da ilusão, com tanto esforço reconstituído pelo poeta em outros cantos, mas agora inexeqüível, provoca uma imprevista acomodação irônica frente à evidência contra a qual não adianta reagir. A atitude se apresenta mais dolorosa que a do pastor errante, pois este se move na indagação, que ainda conserva um estímulo para a integração na cena do universo. Aqui, a recusa a entender conduz a um vazio mais entorpecente que o tédio e a um alheamento de desprezo. Em vez da pergunta, a pura constatação que, na última estrofe beira o sarcasmo:

> O natura cortese,
> Son questi i doni tuoi,
> Questi i diletti sono
> Che tu porgi ai mortali***.
> (C. p. 299)

Devido à dificuldade em conciliar a ilusão consciente e a consciência da desilusão, seu tensionamento dialético se consuma na ironia:

> Uscir di pena
> È diletto fra noi.
> Pene tu spargi a larga mano; il duolo
> Spontaneo sorge: e di piacer, quel tanto
> Che per mostro e mirocolo talvolta
> Nasce d'affanno, è gran guadagno. Umana
> Prole cara agli eterni! Assai felice

* «Prazer filho de tormento.»
** «Alegria vã, que é fruto/ do passado temor, quando estremeceu/ e temeu a morte/ quem abominava a vida.»
*** «Oh natureza cortês,/ são estes os teus dons,/ estes são os prazeres/ / que tu ofereces aos mortais.»

> Se respirar ti lice
> D'alcun dolor: beata
> Se te d'ogni dolor morte risana*.
> (C. p. 299)

A apóstrofe dirigida à natureza, com o atributo *cortese*, inverte o seu significado conceitual, o mesmo ocorrendo com *doni, diletti, diletto, piacer, gran guardagno, cara, felice, beata*.

A ironia é uma modalidade da ambigüidade que, no discurso poético, introduz a plurissignificação e reduz o espaço lingüístico a fim de dar mais lugar para a presença da Linguagem que, neste canto, manifesta o vazio da realidade, pobre demais em confronto com a desmedida ânsia do poeta em atingir a raiz do real.

O mesmo vazio se apodera do poeta em "Il sabato del villaggio", uma das suas mais conhecidas composições, que se tematiza em torno da festa esperada pelos habitantes do campo, numa simbologia das alegrias da juventude, conforme já ocorrera outras vezes.

O sábado assume significação de esperança e gozo, enquanto os demais dias falam do desencanto. Assim a festa encerra o sentido da semana. Não se trata então de uma festa qualquer, mas da festa do homem, no sábado da vida. O fim da festa nada mais é que o trágico fim da ilusão.

Como no poema anterior, em seguida à parte descritiva, também aqui o eu se distancia ainda mais na reflexão desiludida a respeito da semana da vida, impossibilitando o clima lírico.

Na última estrofe a infância se compara a um dia claro que precede a festa da vida:

> Garzoncello scherzoso,
> Cotesta età fiorita
> É come un giorno d'allegrezza pieno,
> Giorno chiaro, sereno,
> Che precorre alla festa di tua vita**.
> (C. p. 304)

---

* «Sair de pena/ é deleite entre nós./ Tu espalhas penas às mãos cheias; a dor/ surge espontânea: e aquele tanto de prazer/ que por prodígio e milagre às vezes/ nasce de tormento, é grande ganho. Humana/ prole cara aos eternos! Assaz feliz/ se te é concedido respirar/ de alguma dor: bem-aventurada (és)/ / se a morte te cura de toda dor.»
** «Menininho brincalhão,/ esta idade florida/ é como um dia cheio de alegria,/ dia claro, sereno,/ que precede a festa de tua vida.»

A interpretação vacila quanto ao sentido possível de festa, que poderia sugerir a juventude aguardada na infância. Flora observa a ambigüidade do sentido que parece não aderir à totalidade do canto:

> O ponto em que a juventude se torna maturidade? Mas não se entende, na verdade, quem possa imaginar e desejar a maturidade dos anos, como uma festa da vida. Diria que a festa é a madura juventude: a qual quando chega, se revela também ela diferente do belo tempo que a mente imaginava[34].

Dentro do caráter aleatório da interpretação, poderíamos discernir uma ponta irônica, mal disfarçada na intencional ternura frente à inocência do menino?

A breve e enternecida alocução ao garoto demonstra o cuidado em lhe ocultar a verdade que se revelará ao seu tempo, dando-lhe margem a viver na ilusão consoladora:

> Godi, fanciullo mio; stato soave,
> Stagion lieta è cotesta.
> Altro dirti non vo'*.
> (C. p. 305)

Este não querer dizer mais nada trai o desejo de calar a si mesmo o conhecimento da "tristezza e noia", num esforço de esquecimento, já que o eu não tem mais condições de restaurar a "stagion lieve" pela recordação, tal a distância que se abriu entre os dois mundos. Mas também o silêncio é um deliberado esquivar-se da língua, inepta para representar o irrepresentável, deixando margem a múltiplas interpretações.

A festa pode ser o futuro para o qual o menino caminha impelindo o palmilhar de cada dia, até o desfecho irrevogável da morte. A festa é o Signo que organiza todos os signos da semana da existência.

O trágico, é ignorar o que seja a festa, o porquê do sábado e o para quê da semana.

11. *O amor ao Amor*

Uma das constantes temáticas dos *Canti*, o sentimento do amor, mostra-se mais imaginado que vivido

---

34. FLORA, *op. cit.*, p. 304.
* Goza, meu menino; estado suave,/ estação alegre é esta./ Não quero dizer-te outra coisa.»

concretamente, como verificamos em Silvia, Nerina e no etéreo fantasma de "Il sogno".

Após o vazio desiludido dos poemas anteriores, deparamos "Il pensiero dominante" que, no desenrolar temático da obra restabelece mais uma vez o fascínio da ilusão.

Sendo "mundo" a organização dentro da qual uma coisa aparece como tal, cabe afirmar que o mundo dos últimos cantos vistos é o vazio amargurado, ao passo que neste, é o amor, poderoso sentimento que invade todas as fibras do eu poético:

> Dolcissimo, possente
> Dominator di mia profonda mente*.
> (C. p. 306)

Logo no início da composição, a seqüência dos três adjetivos, um no superlativo e dois enquadrados no campo semântico de poder, antecipa a atmosfera de dominação soberana do amor que envolve o canto e se acentua através de expressões como *gigante, prepotente signore, stupendo incanto, perpetuo signor*.

Vem clara a idéia de reconstrução do "mundo", na medida em que o sentimento se erige conscientemente como razão última da vida, da qual tudo o mais depende, justificando até o sofrimento:

> Pregio non ha, non ha ragion la vita
> Se non per lui, per lui ch'all'uomo è tutto;
> Sola discolpa al fato,
> Che noi mortali in terra
> Pose a tanto patir senz'altro frutto**.
> (C. p. 312)

Nos dois primeiros versos, a reiteração da forma verbal e do adjunto adverbial de causa (determinando amor) reflete o encantamento que, ao mesmo tempo, interrompe o fluxo do discurso e convida a demorar na surpresa da descoberta. A pausa rítmica que se alonga antes de cada repetição vale por uma espécie de retomada de fôlego ante o prodígio.

---

* «Dulcíssimo, poderoso/ dominador de minha profunda mente.»
** «Mérito não tem, não tem razão a vida/ se não por ele, por ele que ao homem é tudo;/ única excusa para o destino,/ que a nós mortais na terra/ colocou a fim de tanto padecer sem outro fruto (senão o padecer).»

> Che mondo mai, che nova
> Immensità, che paradiso è quello
> Là dove spesso il tuo stupendo incanto
> Parmi innalzar!*
> (C. p. 313)

Os três membros da seriação, precedidos de *che* exclamativo, apresentam o deslumbramento do novo estado, cuja definição os signos não alcançam, desencadeando-se uma seqüência de substantivos de conceito impreciso, num crescendo arrebatado: *mondo, immensità, paradiso*. O sentido vago que o signo não define, provoca o "stupendo incanto", ativado pelo "*s* impuro" seguido da oclusiva *t*, repetindo idêntico jogo fonêmico de *spesso*, no mesmo verso. O acúmulo das sibilantes entremeia um sussurro de suspiro, como por medo de quebrar, com a palavra, o encanto do transporte indizível, que eleva a criatura. Este novo mundo lírico de ilusão, todo um transbordar de emoção, se sobrepõe ao *vero* e o relega ao esquecimento:

> dov'io,
> Sott'altra luce che l'usata errando,
> Il· mio terreno stato
> E tutto quanto il ver pongo in obblio!**
> (C. p. 313)

O eu se entrega liricamente ao amor, todavia a exaltação vivenciada não faz perder de vista a convicção de seu caráter ilusório:

> Tali son, credo, i sogni
> Degl'immortali. Ahi finalmente un sogno
> In molta parte onde s'abbella il vero
> Sei tu, dolce pensiero;
> Sogno e palese error. Ma di natura,
> Infra i leggiadri errori,
> Divina sei***.
> (C. p. 313-4)

O trecho usa três vezes a palavra *sogno* e duas vezes, *error*, insistindo na inevitabilidade da coexistência do plano

---

* «Que mundo então, que nova/ imensidão, que paraíso é aquele/ lá onde tantas vezes o teu estupendo encanto/ pareceu-me elevar!»
** «onde eu (no paraíso)/ sob outra luz diferente da habitual, vagueando,/ / esqueço o meu terreno estado (ou a minha terrena condição) e toda a verdade (que mostra o mundo como dor)!»
*** «Tais são, creio, os sonhos/ dos imortais. Aí, finalmente um sonho/ em grande parte com que se embeleza a verdade (o real concreto)/ és tu, doce pensamento;/ sonho e manifesto erro. Mas entre os leves erros (caras ilusões) és de natureza divina.»

do imaginário e do real imediato, ou seja, a ilusão e a desilusão do universo poético de Leopardi. O clima lírico da composição resulta da veemência do sentimento, que extravasa e incorpora em si a realidade, conciliando os dois planos.

Mas a presença viva da amada não passa de uma bela imagem no pensamento, pois sua fisicidade não se faz notar. Somente os seus efeitos, no sentimento extasiado, no "pensiero dominante". O canto se dirige muito mais ao amor que a amada, enquanto esta é manifestação daquele.

Qual no *Dolce Stil Novo,* a amada é mais a idéia do amor que mulher e vive abstrata no círculo do imaginado pelo "pensamento dominante", num enlevo que dissolve o eu na ilusão, criadora de uma criatura impossível.

"Alla sua donna", apesar de escrito oito anos antes de "Il pensiero dominante", representa um capítulo prévio da mesma aventura interior.

No poema mais antigo a amada é o ideal inatingível que habita esferas extraterrenas; no outro, o ideal se encarna, apesar de continuar abstração, realizando tanto tempo depois a esperança proibida:

> Viva mirarti omai
> Nulla speme m'avanza*.
> (*C.* p. 223)

Desde os primeiros versos, percebemos a rede de mistério a ocultar a amada, que, do seu longe, inspira o poeta.

A amada, pura filha da imaginação, vive no íntimo do visionário e no riso da natureza, num denso clima lírico, todo feito de ilusão, que fluidifica os delineamentos do eu e do mundo, na sua etérea pessoa.

Sapegno chama a atenção para o anseio de felicidade impossível operado através do processo consciente de evasão da realidade concreta e rejeitada.

Aproximamo-nos das abstrações do *Dolce Stil Novo,* em que a amada, colocada no plano das Idéias platônicas, misticamente se eleva à luz da verdade.

---

* «Já não me resta mais esperança alguma de contemplar-te viva.»

> Forse tu l'innocente
> Secol beasti che dall'oro ha nome,
> Or leve intra la gente
> Anima voli? o te la sorte avara
> Ch'a noi t'asconde, agli avvenir prepara?*
> (*C*. p. 222)

Da mesma forma que no *Dolce Stil Novo,* a mulher não é posse individual, mas bem coletivo, conforme percebemos desde o título, no possessivo de 3.ª pessoa e não de 1.ª, não obstante o eu se dirija diretamente à "cara beltà". Quer se trate da passada Idade de Ouro, quer do presente ou do futuro, ela paira sobre um *nós,* ansiada por todos, todavia de ninguém. Inexistente, existe nas três dimensões do tempo, na realidade à qual não temos acesso. A "sorte avara" que a esconde dos míseros mortais representa os limites do homem à Verdade.

> Se dell'eterne idee
> L'una sei tu, cui di sensibil forma
> Sdegni l'eterno senno esser vestita,
> E fra caduche spoglie
> Provar gli affanni di funerea vita;
> O s'altra terra ne' superni giri
> Fra' mondi innumerabili t'accoglie,
> E più vaga del Sol prossima stella
> T'irraggia, e più benigno etere spiri;
> Di qua dove son gli anni infausti e brevi,
> Questo d'ignoto amante inno ricevi**.
> (*C*. p. 226-7)

Todo o poema é um não saber nem poder saber da amada: as interrogações sobre o seu tempo no trecho anterior e, agora no final, a dúvida quanto ao espaço a que pertence, nas orações condicionais que cruzam a estrofe, subordinadas à principal, só enunciada no último verso, tudo reforça o seu caráter incógnito.

Quem é a amada?

A amada, que se esconde entre as eternas idéias platônicas ou habita esferas de ignorados mundos, identifica-se

---

* «Talvez tu tenhas beatificado o inocente século que do ouro tem nome,/ / ou voes, leve alma, entre as pessoas? ou (talvez) a sorte avara/ que te esconde de nós, aos pósteros te prepara?»
** Se tu és uma das eternas idéias (platônicas), a qual a eterna mente (Deus) não consente que se vista de forma sensível, nem experimente os tormentos de funérea vida entre os despojos perecíveis, ou se te acolhe outra terra nos círculos superiores (do céu, conforme linguagem dantesca), entre mundos inumeráveis, e se te manda o seu raio uma estrela próxima de ti, mais bela que o Sol e (se) respiras um ar mais puro; daqui (desta terra) onde os anos são infaustos e breves, recebe este hino de ignorado amante.»

à própria Linguagem. À Poesia que, de longe e de perto, inspira o hino do amante sonhador.

Quando a amada sai das paragens bem-aventuradas da ilusão e se concretiza na mulher de carne e osco, irrompe o conflito. Que mulher caberia em tão desmesurado sonho?

"Aspasia" é o canto do desencanto. Assim se chama a mulher idealizada de "Il pensiero dominante" e a ideal de "Alla sua donna". Aspasia, "circonfusa d'arcana voluttà", aparace qual "raggio divino", sobrepondo os planos do real concreto e do imaginário:

> Apparve
> Novo ciel, nova terra, e quasi un raggio
> Divino al pensier mio*.
> (C. p. 332-3)

A obra de Leopardi, que só comporta figuras femininas celestiais, finalmente abriu passagem para a mulher da terra, numa atitude inédita de volúpia, entretanto, logo recomposta, na luminosa aura sobre-humana. A Aspasia ideal do "novo cielo" encarna-se na malícia da Aspasia concreta, que se inclinava para beijar os filhos e mostrar o "niveo collo" e o "seno ascoso e desiato".

Somente por obra da ilusão visionária, a sedução de Aspasia poderia parecer aquele ideal interditado ao mundo dos homens. Somente a fadiga da ânsia incontida da infinita verdade permitiria o fatal engano da trágica desilusão:

> Vagheggia
> Il piagato mortal quindi la figlia
> Della sua mente, l'amorosa idea...**
> (C. p. 333-4)

O eu que não é mais eu, se estende ao ele do homem, o "piagato mortal", desejoso de ultrapassar suas barreiras:

> Or questa egli non già, ma quella, ancora
> Nei corporali amplessi, inchina ed ama***.
> (C. p. 334)

---

* «Apareceu/ novo céu, nova terra e quase um raio/ divino ao meu pensamento.»
** «Almeja/ o chagado mortal, então, a filha/ da sua mente, a amorosa idéia...»
*** «Mesmo nos corporais amplexos, ele reverencia e ama não esta (a mulher), mas aquela (a amorosa idéia)...»

Mais uma vez surpreendemos o jogo dos demonstrativos na contraposição dos pólos do conflito entre o real consentido e o ideal negado. A aproximação da primeira sílaba de *questa* (a mulher) e *quella* (a idéia) concentra a divergência do final, que resume o abalo trágico da tomada de consciência do equívoco. Tão profundo foi o sentimento da ilusão que mesmo após seu desabamento, ainda consegue ser liricamente recordada:

> Non sai
> Che smisurato amor, che affanni intensi,
> Che indicibili moti e che deliri
> Movesti in me*.
> (*C*. p. 335)

A reiteração de *che* nas quatro seqüências intensifica a gradação que progride no acelerar nervoso do ritmo. Os prefixos de *smisurato* e *indicibili* remetem para além do definido, num esforço de romper as peias do signo e atingir o indefinido almejado que, por um momento, parece fundir-se ao eu. Após o movimento lírico na esfera ilusória, sobrevém a nova queda trágica no encurralamento da desilusão do encanto desfeito:

> Or quell'Aspasia é morta
> Che tanto amai**.
> (*C*. p. 335)

Mas *quella* se refere à Aspasia ideal, a eterna, que não pode morrer:

> Tu vivi,
> Bella non solo ancor, ma bella tanto,
> Al parer mio, che tutte l'altre avanzi.
> Pur quell'ardor che da te nacque è spento:
> Perch'io te non amai, ma quella Diva
> Che già vita, or sepolcro, ha nel mio core***.
> (*C*. p. 336)

"Quella Diva" que jaz no sepulcro do coração está morta apenas da vida que o engano gerou. Sintetiza a ilusão e a desilusão, numa morte que é a vida de Aspasia, não a efêmera da enganadora paixão, mas a eterna do Amor e da Poesia.

---

* «Não sabes/ que desmedido amor, que tormentos intensos,/ que indizíveis movimentos e que delírios/ moveste em mim.»
** «Agora aquela Aspasia que tanto amei, está morta.»
*** «Tu vives, não somente ainda bela, mas tão bela,/ aos meus olhos, que vences todas as outras./ Todavia, aquele ardor que de ti nasceu se extinguiu:/ porque eu não te amei, e sim aquela Deusa/ que no meu coração já teve vida e agora (tem) sepultura.»

A Aspasia de carne é apenas o signo possível do impossível Signo da Aspasia idealizada. Ambas nascem do ideal de "Alla sua donna" e, conjugando a ilusão e a desilusão, apontam a eterna verdade que não se faz signo.

Ao "irrecorrível fracasso" trágico da incompatibilidade da Aspasia ideal com a real, se complementa "A se stesso", o canto da desolação universal. Talvez nenhum poeta tenha expresso com tanta amargura o trágico destino do homem como Leopardi, neste lancinante poema.

O fenômeno poético, mais que qualquer outra manifestação artística, revela a presença da Linguagem, no seu empenho estruturador. "A se stesso" condensa e revigora a presença da Linguagem, na brevidade compacta, com uma força de concentração nunca obtida por Leopardi com tanta violência, no dizer de Binni. Aí a palavra parece envergonhar-se de sua inépcia para atingir o inatingível e retrocede, preferindo ausentar-se, para deixar a ausência falar.

Os breves períodos e a construção paratática arrastam o ritmo, que os vários *enjambements* retardam, numa expressão de exaurimento mortal. O trágico emerge deste torpor que anula o homem, em conseqüência do desmoronamento da razão última da existência, a ilusão do amor.

> Or poserai per sempre,
> Stanco mio cor. Perì l'inganno estremo,
> Ch'eterno io mi credei. Perì. Ben sento,
> In noi di cari inganni,
> Non che la speme, il desiderio è spento*.
> · (*C.* p. 326-7)

A retomada fônica de *stanco* em *cor* incute, no significante, o significado, que se prolonga na vibração do *r*, extinguindo-se demoradamente na pausa da pontuação. O "s impuro" de *stanco*, seguido de duas oclusivas e uma nasal, produz o efeito de um estertor. A repetição de *perì*, isolado num período, centraliza o fracasso, ainda mais devastador na antítese com *eterno*.

* «Agora descansarás para sempre,/ meu cansado coração. Pereceu o engano extremo/ que eu acreditei eterno. Pereceu. Bem sinto,/ em nós (em mim e em ti, oh coração) extinguiu-se não só a esperança de caros enganos, mas o desejo.»

> Amaro e noia
> La vita, altro mai nulla; e fango è il mondo*.
> (*C.* p. 327)

A supressão da cópula, na primeira seqüência sintagmática, desloca o sentido denotativo para um enriquecimento conotativo de maior alcance trans-significativo. Normalmente se estabelece um nexo entre o sujeito e o predicativo através do verbo de ligação, cuja omissão, como que desnecessária, deixa subentendido um vínculo mais sólido. Ao invés de atributos, *amaro* e *noia* transmudam-se na própria vida, não mais individual, porém universal, sobretudo levando-se em conta que os predicativos são substantivos. O lodo do mundo se espraia na escuridão das nasais e invade a criatura, anestesiada por um desprezo total:

> Omai disprezza
> Te, la natura, il brutto
> Poter che, ascoso, a comun danno impera,
> E l'infinita vanità del tutto**.
> (*C.* p. 326-7)

Os quatro membros do objeto direto do período, o mais longo do canto, compõem uma gradação crescente, que vai do homem ao universo e à força régia de tudo.

Não consideramos a infinita *vanità* aniquilamento. A revolta é maior contra o cego poder, por ser oculto, *ascoso*, ao conhecimento. Trata-se do poder da Linguagem, que gera o cansaço do coração e faz o coração cansado se exaurir em si mesmo, no torpor do canto e no Silêncio da Poesia.

12. *A síntese na morte*

A idéia da morte, ligada ao sentimento do amor, constitui certamente a constante temática mais significativa dos *Canti,* ambos projetados em esferas que transcendem os confins do homem. As duas entidades máximas do mundo leopardiano se conjugam explicitamente em "Amore e Morte":

> Fratelli, a un tempo stesso, Amore e Morte,
> Ingenerò la sorte.

---

* «Amargo e tédio/ a vida, nunca nada mais que isso; e lama é o mundo.»
** «Agora despreza/ a ti, a natureza, o repelente/ poder que, escondido, impera para dano comum/ e a infinita vaidade do todo.»

> Cose guaggiù sì belle
> Altre il mondo non ha, non han le stelle*.
> (C. p. 317)

A natureza arcana do amor conexiona-se ao mistério da morte em vários poemas, concorrendo para a amada ser sempre a representação do sonhado inatingível. O poder do amor e da morte é a própria força do Signo, que anima o homem e o impele para o inexplicável fim, a pontilhar o caminho com os signos das interrogações. A cara visão de "Il sogno", de Silvia e Nerina muito se aproximam da quimera de "Alla sua donna" e da Aspasia de "Il pensiero dominante", o ideal impossível, vislumbrado apenas na ilusão.

Assim se compreende Consalvo que, à beira da morte somente, realiza o sonho do beijo de Elvira. A romântica afirmação do amante moribundo polariza os dois temas:

> Due cose belle ha il mondo:
> Amore e morte**.
> (C. p. 216)

Elvira é o outro nome de Aspasia, Silvia ou Nerina. Como a amada de Consalvo, todas se envolvem no mesmo halo de *vision, sogno, cosa incredibil*.

Emmanuel Carneiro Leão pergunta sobre o que seria dos homens numa clareira, sem os sonhos da Floresta. "Ainda seriam homens? Nós não dormimos apenas para descansar. Nós dormimos sobretudo para sonhar. Pois sonhar é ser homem"[35]. O sonho do amor de Leopardi, sua mais alta afirmação humana, é um fechar os olhos à realidade da clareira, para ele odiosa, no insopitável desejo de encontrar as raízes da Floresta. A clareira se lhe afigura mesquinha demais para os seus mais recônditos anseios, a que só a Floresta escondida pode corresponder. Só a fantasia consegue lobrigar, de longe, o "mistero doloroso", diante do qual a inteligência emudece, pois o conceito lógico não chega até lá. A amada inacessível ao conhecimento é a Verdade do Ser negada ao mísero mortal e que só se contempla em sonho ou depois da morte. Oportuna se mostra a interpretação de De

---
* «A sorte gerou/ ao mesmo tempo, irmãos, Amor e Morte./ Outras coisas tão belas aqui embaixo, o mundo não tem, não têm as estrelas.»
** «Duas coisas belas têm o mundo:/ amor e morte.»
35. CARNEIRO LEÃO, A poesia e a linguagem, *Tempo Brasileiro*, p. 83.

Sanctis a respeito de "Alla sua donna" como contemplação do enigma da vida, encerrando o canto "o problema do universo colocado e não resolvido, com a consciência de não poder resolvê-lo nunca"[36].

O mistério da morte perpassa os *Canti* qual bem desejado ou mal temido, imposto pelo destino e confluindo para o desconhecido que ora leva à indagação trágica, ora convida à integração lírica. A morte significa a única síntese possível do irremediável conflito entre a ilusão e a desilusão.

A convicção de que a morte alivia o sofrimento se insinua em várias passagens de toda a obra:

"Il sogno":
A desiar colei
Che d'ogni affanno il tragge, ha poco andare
L'egro mortale*.
 (*C*. p. 195)

"La vita solitaria":
In cielo,
In terra amico agl'infelici alcuno
E rifugio non resta altro che il ferro**.
 (*C*. p. 203)

"Le ricordanze":
Indi riguardo il viver mio sì vile
E sì dolente, e che la morte è quello
Che di cotanta speme oggi m'avanza***.
 (*C*. p. 274)

"Amore e Morte":
...ogni gran dolore,
Ogni gran male annulla.
Bellissima fanciulla,
Dolce a veder...****
 (*C*. p. 318)

"Sopra un basso rilievo":
..ai mali unico schermo
La morte....................
Com'io per fermo estimo,

---

36. DE SANCTIS, Francesco. Alla sua donna. Poesia di Giacomo Leopardi. In: *Saggi critici*. Bari, Laterza, 1953. 1.º v., p. 282.
* «Il sogno»: «O enfermo mortal tem pouco que andar (não tardará muito) até desejar aquela (a Morte) que o tira de todo tormento.»
** «La vita solitaria»: «No céu, na terra (não há) nenhum amigo aos infelizes/ nem resta outro refúgio senão matar-se.»
*** «Le ricordanze»: «Depois eu considero o meu viver tão vil/ e tão dolente e vejo que a morte é o que/ me resta de tanta esperança.»
**** «Amore e morte»: «...toda grande dor,/ todo grande mal anula./ Belíssima menina,/ doce a ver...»

> Il vivere è sventura,
> Grazia il morir...*
> (*C.* p. 345)

Em "Canto notturno di un pastore errante dell'Asia", a morte se apresenta na imagem de um terrível despencar no abismo, após o longo e extenuante percurso:

> Abisso orrido, immenso,
> Ov'ei precipitando, il tutto obblia**.
> (*C.* p. 285)

"L'Infinito" é também um abismo imenso, onde o homem se precipita e esquece tudo, entretanto, no idílio, a criatura não cogita dos porquês e se entrega liricamente à ilusão. No "Canto notturno", a atitude do pastor se conturba pela indagação, que aparelha o distanciamento do problema, com sua insolubilidade, que entedia ou apavora. Enquanto em "L'Infinito", superado o medo a ilusão torna *dolce* o naufragar naquele mar, ao pastor o abismo parece *orrido* por se fazer a desilusão do problema insolúvel. Dentro deste ângulo, a morte surge em outras composições na forma de mal temido.

Mas a queda no abismo, apesar de *orrido*, não é trágica, uma vez que ali se realiza a integração lírica no esquecimento. O trágico é a impossibilidade de com-preender o mistério do abismo.

Em "Sopra un basso rilievo antico sepolcrale", inspirado na escultura da jovem morta despedindo-se dos seus, antes de partir, a estrofe inicial reúne um feixe de perguntas sobre o ignorado pouso:

> Dove vai? chi ti chiama
> Lunge dai cari tuoi,
> Bellissima donzella?
> Sola, peregrinando, il patrio tetto
> Sì per tempo abbandoni? a queste soglie
> Tornerai tu?***
> (*C.* p. 338-9)

Se bem que, no julgamento de Flora, o poeta repita com "languida freddezza" motivos que já fulguraram poeticamente em outras composições, vale recordá-los apenas

---
* «Sopra un basso rilievo»: «a morte, única proteção contra os males... como eu, por coisa certa considero,/ o viver é desventura,/ graça (é) o morrer...»
** «Abismo horrendo, imenso,/ onde ele precipitando, esquece tudo.»
*** «Onde vais? quem te chama/ para longe dos teus caros,/ belíssima donzela?/ Só, peregrinando, a casa paterna/ tão cedo abandonas? a estes umbrais/ / voltarás?»

para destacar a insistência do problema na inspiração leopardiana. Problema sempre insolúvel nos sempre

> ...oscuri
> Silenzi della tomba...*
> (C. p. 342)

"Sopra il ritratto di una bella donna" repete o jogo dialético ilusão-desilusão armado diante do penoso contraste da beleza antiga da jovem, reduzida a esqueleto e pó:

> ...or fango
> Ed ossa sei................
> Così riduce il fato
> Qual sembianza fra noi parve più viva
> Immagine del ciel. Misterio eterno
> Dell'esser nostro**.
> (C. p. 349)

Os vocábulos *sembianze, parve, immagine* remetem para o significado geral de aparência e ilusão, desfeitas na realidade inapelável de lama e ossos. Nova versão dos "ameni errori" e do "acerbo vero", ambos conjugados no eterno mistério "dell'esser nostro", contido na morte.

Da consciência de não poder resolver o mistério nasce o trágico, não apenas de um indivíduo e sim do homem em geral, cuja condição se caracteriza por uma instigação inata a perguntar. A história do homem ou a história de suas perguntas. E das respostas nunca satisfeitas. Porque o mistério abre a escalada sem começo nem fim, a atrair irresistivelmente os filhos de Prometeu ou os descendentes de Adão que, no fogo sagrado ou na maçã fraudulenta, sofrem por quererem saber.

A unidade dos *Canti* se organiza sobretudo a partir do desafio do mistério, manancial da vida que mora na morte e no nada. O mistério da Morte é o mistério do Ser, estruturante da realidade, e que impulsiona o homem a perguntar sobre o que não se avilta em signo.

O Tártaro esconde a resposta muda obtida pela rebeldia indômita de Bruto e pela tristeza exangue de Saffo. Depois que o questionamento trágico lança o homem diante das portas do insolúvel, o suicídio representa uma saída

---

* «...obscuros/ silêncios da tumba...»
** «...agora lama/ e ossos és.../ Assim o destino reduz não importa qual imagem (aparência, aspecto, fisionomia) possa parecer na terra/ mais viva imagem do céu. Mistério eterno/ do nosso ser.»

para arrancar o segredo. Neste ponto, ele não mede o preço de seu protesto contra o desconhecido.

Como o mistério permanece e a pergunta ecoa' sem resposta, o silêncio se transforma em nada, o Nada da resposta não objetivável. O mistério é além da pergunta e não se confina em nenhuma resposta.

Desde que a obra literária manifesta a totalidade do real, o *nulla* não pode ser aniquilamento. Se na concepção teórica resulta em negatividade radical, na criação poética compõe a síntese da lírica ilusão e da trágica desilusão.

Em "Ad Angelo Mai", onde o poeta mais de uma vez alude ao *nulla,* depreendemos o significado oposto ao extermínio total. Na exaltação a Petrarca, o "sfortunato amante", Leopardi nos faz ver sua dor amorosa como fruto precioso do mundo da ilusão, ainda vigente no seu tempo e que, ao ruir, após a epopéia marítima, confinou o homem ao tédio, uma das modalidades da verdade desiludida:

> Oh te beato,
> A cui fu vita il pianto! A noi le fasce
> Cinse il fastidio; a noi presso la culla
> Immoto siede, e su la tomba, il nulla*.
> (*C*. p. 87)

Se considerarmos que o discurso poético, desviando-se da norma lingüística, orienta-se para a indiferenciação que aproxima naturalmente pelo sentido palavras de som igual ou semelhante, percebemos o avizinhamento significativo entre *culla* e *nulla*. O dicionário ensina que o significado de *culla,* além de leito de criança, é lugar de origem de uma coisa ou pessoa. *Nulla,* equiparado fono-semanticamente a *culla* descerra-se à plurissignificação e sugere a origem das coisas. Pois o nada, aliás, o Nada, é a ausência da Floresta do Ser na clareira da ilusão e da desilusão. E a Floresta, a origem de tudo.

No "Coro di morti", Leopardi nos apresenta uma sua visão da vida dos mortos que, sem alcançar nenhuma beatitude paradisíaca, não chega, todavia, à extinção do *nulla* tomado no seu sentido literal. Segundo Binni, os mortos que cantam, no meio da noite, acenam para uma vida nirvânica:

---

* «Oh, bem-aventurado sejas tu/ a quem a vida foi pranto! A nós/ o tédio envolveu (desde o nascimento); a nós, junto do berço/ imóvel está, e sobre a tumba, o nada.»

... no *Coro*... se realiza com meios poéticos profundíssimos a ideal vida dos mortos sem ternura, sem "esperança e desejo" e "sem tédio", uma vida, pois, "nirvânica", em que Leonardi realiza uma sua aspiração[37].

No mundo dos mortos, a ausência, quer das esperanças e desejos, quer do tédio e da dor, equivale à falência da ilusão e da desilusão na morte.

> Alla speme, al desio, l'arido spirto
> Lena mancar si sente:
> Così d'affanno e di temenza è sciolto,
> E l'età vote e lente
> Senza tedio consuma[38].

A aspiração nirvânica de Leopardi coincide com um anulamento da realidade concreta, uma liberação de penas e alegrias falazes, sem entretanto conduzir ao gozo do espírito, pois esses mortos também fazem perguntas.

> Che fummo,
> Che fu quel punto acerbo
> Che di vita ebbe nome?*

A pergunta nem no mundo dos mortos pode ficar sem resposta. O silêncio da resposta encobre o mistério do Silêncio, a "luz invisível do Nada". É a Poesia que integra o poema de Giacomo Leopardi e se tematiza em nada e morte porque é tudo.

O Nada é o desconhecido da plenitude do Real. Por isso, o mergulhar na morte e no Nada não se apresenta trágico. Trata-se, isto sim, do "lírico" dissolver-se na totalidade do Ser.

Em "Amore e Morte", a prece dirigida à "bella Morte pietosa" externa o desejo fremente de se engolfar no desconhecido para fugir ao detestado conhecido do sofrimento e da dúvida:

> E tu, cui già dal cominciar degli anni
> Sempre onorata invoco,
> Bella Morte, pietosa
> ....

---

37. BINNI, Walter. *La nuova poetica leopardiana*. 3ª ed. Firenze, Sansoni, 1971. p. 29-30.
38. STRACCALI, Alfredo. *I Canti di Giacomo Leopardi*. 3ª ed. Firenze, Sansoni, 1946. p. 145.
(Este poema não foi publicado por F. Flora).
«À esperança, ao desejo, o árido (indiferente) espírito/ sente faltar alento:/ assim, está desvencilhado de tormento e de temor/ e consuma sem tédio os anos vazios e lentos.»
* «Que fomos?/ Que foi aquele ponto acerbo/ que teve nome de vida?»

> Non tardar più, t'inchina
> A disusati preghi,
> Chiudi alla luce omai
> Questi occhi tristi, o dell'età reina*.
> (C. p. 323-4)

Fechar os olhos à luz significa o rompimento das amarras dos sentidos e o ingressar no Todo, onde se abre o terceiro olho à plenitude do Ser.

Percebe-se que a morte não quer dizer o final da existência e sim seu elemento integrante. A vida inclui a morte, porquanto quem começa a viver, já está começando a morrer. Uma vez que o Ser se re-vela na medida em que se vela, quando ocorre o máximo de seu velamento — na morte e no nada — temos o máximo de sua Presença. A morte e o nada realizam o Real em sua plenitude.

> ...null'altro in alcun tempo
> Sperar se non te sola;
> Solo aspettar sereno
> Quel dì ch'io pieghi addormentato il volto
> Nel tuo virgineo seno**.
> (C. p. 352)

O homem se entregará liricamente ao seio virgem da Morte, onde adormecerá sua sede, saciado de Infinito, e finalmente atingirá a verdadeira condição nirvânica, no nada da ilusão e da desilusão, no Nada de Tudo. Eis o ponto nevrálgico do pessimismo leopardiano, todo ele alimentado pela angústia de desvendar o mistério da Morte e alcançar a "casa do Ser". A Linguagem. A Linguagem, além de dinamizar a estruturação dos *Canti*, é seu cerne temático. Impulso organizador, linha de partida, marcos do percurso, meta almejada, termo de chegada a um chegar proibido ao espaço e ao tempo do homem.

Poucos poetas se conservaram tão fiéis à sua missão quanto o cantor de Recanati. Poucas obras se deixaram inundar pela ausente Presença como os *Canti*. Raras vezes ouvimos o Silêncio falar tão alto como através das palavras de Leopardi.

---

* «E tu, a quem, desde o começar dos anos/ invoco sempre venerada,/ / bela Morte, piedosa/ ...Não tardes mais, cede às desusadas súplicas,/ fecha enfim à luz/ estes olhos tristes, oh rainha dos tempos.»

** (Me encontrarás) a esperar nada mais, em qualquer que seja o tempo/ / senão a ti somente;/ só a esperar sereno/ o dia em que eu inclinar o rosto adormecido/ no teu seio virginal.»

BIBLIOGRAFIA

1. AGUIAR E SILVA, Vítor Manual de. *Teoria da literatura.* 2. ed. Coimbra, Almedina, 1969.
2. ALBINO, Ettore. *Cultura d'oggi.* Roma, Signorelli, 1951.
3. ALONSO, Dámaso. *Poesia espanhola.* Ensaio de métodos e limites estilísticos. Rio de Janeiro, Instituto Nacional do Livro, 1960.
4. ARISTÓTELES. *Poética.* In: *Obras.* 2. ed. Madrid, Aguilar, 1973.
5. ARCANGELI, Gaetano. Ancora sul leopardismo. *Fiera letteraria.* Roma, 22 out. 1961. p. 3.
6. AUERBACH, Erick. *Introdução aos estudos literários.* São Paulo, Cultrix, 1970.
7. ————. *Mimesis.* São Paulo, Perspectiva, 1971.
8. AZEVEDO FILHO, Leodegário, A. de. *Estruturalismo e crítica literária.* Rio de Janeiro, Gernasa, 1970.
9. BARBADORO, Bernardino. *Venti secoli di storia d'Italia.* 4. ed. Firenze, Le Monnier, 1951.

10. BACCHELLI, Riccardo. "Aspasia la passione fiorentina." In: *L'Otto-Novecento*. A cura della Libera Cattedra di Storia della civiltà fiorentina. Firenze, Sansoni, 1957.
11. BARTHES, Roland. *Crítica e verdade*. São Paulo, Perspectiva, 1971.
12. —————. Eléments de Sémiologie. In: *Le degré zéro de l'écriture*. Paris, Gonthier, 1965.
13. BATTISTI, Carlo & ALESSIO, Giovanni. *Dizionario etimologico italiano*. Firenze, Barbèra, 1968. 5 v.
14. BELLORINI, Egidio. *Discussioni e polemiche sul Romanticismo*. Bari, Laterza, 1943. 2 v.
15. BENVENISTE, Emile. *Problèmes de linguistique générale*. Paris, Gallimard, 1966.
16. BERARDI, Roberto. *Dizionario di termini della critica letteraria*. 2. ed. Firenze, Le Monnier, 1974.
17. BINNI, Walter. Introduzione. In: DE SANCTIS, Francesco. *Giacomo Leopardi*. Bari, Laterza, 1953.
18. —————. *La nuova poetica leopardiana*. 3. ed. Firenze, Sansoni, 1971.
19. —————. *Poetica, critica e storia letteraria*. 6. ed. Roma-Bari, Laterza, 1974.
20. BIGONGIARI, Piero. *L'elaborazione della lirica leopardiana*. Firenze, Marzocco, 1948.
21. —————. *Leopardi*. Firenze, Vallecchi, 1962.
22. —————. *Leopardi e l'ermetismo*. Firenze, Leo S. Olschki Editore, 1974.
23. BOILEAU. *Art poétique*. 48. ed. Paris, Larousse, 1953. [Trad. bras.: *A Arte Poética*, São Paulo, Perspectiva, 1979 — Introdução, Tradução e Notas de Célia Berrettini.]
24. BONTEMPELLI, Massimo. *Pirandello, Leopardi, D'Annunzio*. Verona, Bompiani, 1938.
25. BOSCO, Umberto. "Preromanticismo e Romanticismo". In: BOSCO, Umberto et alii. *Questioni e correnti di storia letteraria*. Milano, Carlo Marzorati Editore, 1949.
26. CAMPOS, Haroldo de. "Leopardi, teórico da vanguarda." In: *A arte no horizonte do provável*. 2. ed. São Paulo, Perspectiva, 1972.
27. CAPPUCCIO, Carmelo. *Storia della letteratura italiana*. 3. ed. Firenze, Sansoni, 1953.
28. CARNEIRO LEÃO, Emmanuel. O problema da história em Dilthey. *Tempo Brasileiro*. Rio de Janeiro, 9/10:55-66, 1966.
29. —————. A Poesia e a Linguagem. *Tempo Brasileiro*. Rio de Janeiro, 29:74-83, 1972.
30. CARO, E. *Le pessimisme au XIX siècle*. 4. ed. Paris, Hachette, 1889.
31. CARPEAUX, Otto Maria. *História da literatura ocidental*. Rio de Janeiro, O Cruzeiro, 1964. 7 v.
32. CASSIRER, Ernst. *Linguagem e Mito*. São Paulo, Perspectiva, 1972.
33. CASTRO, Manuel Antônio de. O enigma é. Capitu ou Dom Casmurro? *Tempo Brasileiro*, Rio de Janeiro, 33/34:83-102, 1973.
34. CECCHI, Emilio & SAPEGNO, Natalino. *Storia della letteratura italiana. L'Ottocento*. Milano, Garzanti, 1970. 7. v.

35. CHKLOVSKI, V. "L'art comme procédé." In: TODOROV, Tzvetan. *Théorie de la littérature*. Paris, Ed. du Seuil, 1965. p. 76-97.
36. COHEN, Jean. *Estructura del lenguaje poético*. Madrid, Gredos, 1970.
37. CONSOLI, Domenico & PETRONCHI, Giorgio. *Arcadia, Illuminismo, Romanticismo*. Firenze, Milano, Sansoni-Accademia, 1973.
38. CONTINI, Gianfranco. "Implicazioni leopardiane." In: CORTI, Maria & SEGRE, Cesare. *I metodi attuali della critica in Italia*. Torino, Edizioni RAI Televisione Italiana, 1973.
39. —————. *La letteratura italiana. Otto-Novecento*. Milano, Sansoni, 1974.
40. COUTINHO, Afrânio. *Introdução à literatura no Brasil*. 5. ed. Rio de Janeiro, Distribuidora de Livros Escolares, 1968.
41. —————. *A literatura no Brasil*. 2. ed. Rio de Janeiro, Ed. Sul Americana, 1970. 5 v.
42. CROCE, Benedetto. *La letteratura italiana*. 2. ed. Bari, Laterza, 1957. 3 v.
43. CURI, Egidio. *Storia della letteratura italiana*. 2. ed. Bologna, Zanichelli, 1972. 3 v.
44. DE LOLLIS, Cesare. "Petrarchismo leopardiano." In: *Saggi sulla forma poetica italiana dell'ottocento*. Editi a cura di B. Croce. Bari, Laterza, 1929.
45. DE POLI, Marco. L'illuminismo nella formazione del pensiero di Leopardi. *Belfagor*. Firenze, Leo S. Olschki, 5:511-46, 1974.
46. DE SANCTIS, Francesco. *Giacomo Leopardi*. Bari, Laterza, 1953.
47. —————. *Storia della letteratura italiana*. 5. ed. Bari, Laterza, 1953. 2 v.
48. —————. La prima canzone di Giacomo Leopardi. In: *Saggi critici*. Bari, Laterza, 1953. 1. v.
49. —————. "Alla sua donna." In: *Saggi critici*. Bari, Laterza, 1953. 1. v.
50. —————. "Schopenhauer e Leopardi. Dialogo tra A e D." In: *Saggi critici*. Bari, Laterza, 1953. 2. v.
51. —————. "La Nerina di Giacomo Leopardi." In: *Saggi critici*. Bari, Laterza, 1953. 3. v.
52. —————. "Le nuove canzoni di Giacomo Leopardi." In: *Saggi critici*. Bari, Laterza, 1953. 3. v.
53. DEVOTO, Giacomo & OLI, Gian Carlo. *Dizionario della lingua italiana*. Firenze, Le Monnier, 1971.
54. DEVOTO, Giacomo. *Itinerario stilistico*. Firenze, Le Monnier, 1975.
55. DONADONI, Eugenio. *Breve storia della letteratura italiana*. 3. ed. Milano, Carlo Signorelli, 1954.
56. DUCROT, Oswald & TODOROV, Tzvetan. *Dicionário das ciências da linguagem*. Lisboa, Publicações Dom Quixote, 1973. [Trad. bras.: *Dicionário Enciclopédico das Ciências da Linguagem*, S. Paulo, Perspectiva, 1977.]
57. DUSI, Riccardo. *L'amore leopardiano*. Bologna, Zanichelli, 1931.

58. ECO, Umberto. *Obra aberta*. 2. ed. São Paulo, Perspectiva, 1971.
59. EIKHENBAUM, B. "La théorie de la méthode formelle." In: TODOROV, Tzvetan. *Théorie de la littérature*. Textes des formalistes russes. Paris, Seuil, 1965.
60. FALQUI, Enrico. La lettura di Leopardi. *Fiera letteraria*. Roma, 10 abr. 1960. p. 1.
61. FARINELLI, Arturo. *Petrarca, Manzoni, Leopardi*. Torino, Bocca, 1925.
62. FLORA, Francesco. "Prefazione e note." In: LEOPARDI, Giacomo. *Canti*. 10. ed. Milano, Mondadori, 1953.
63. —————. *Storia della letteratura italiana*. 8. ed. Milano, Mondadori, 1956. 5 v.
64. FUBINI, Mario. *Romanticismo italiano*. 2. ed. Bari, Laterza, 1960.
65. —————. "Introduzione." In: LEOPARDI, Giacomo. *Canti*. Torino, Loescher, 1971.
66. GALETTI, A. & ALTEROCCA, A. *La letteratura italiana*. 3. ed. Bologna, Zanichelli, 1933.
67. GENTILE, Giovanni. *Manzoni e Leopardi*. Milano, Fratelli Treves, 1928.
68. GETTO, Giovani *et alii*. *Storia della letteratura italiana*. Milano, Rizzoli, 1972.
69. GIANNESSI, Ferdinando. "Giacomo Leopardi." In: *Letteratura italiana. I maggiori*. Milano, Carlo Marzorati, 1956.
70. —————. "Civiltà e letteratura nell'Italia dell'Illuminismo e del Romanticismo." In: *Letteratura italiana. Le correnti*. Milano, Carlo Marzorati, 1956.
71. GUIRAUD, Pierre. *La sémantique*. Paris, Presses Universitaires de France, 1969.
72. —————. *A estilística*. São Paulo, Mestre Jou, s.d.
73. HAUSER, Arnold. *Historia social de la literatura y el arte*. Madrid, Guadarrama, 1969. 3 v.
74. HEIDEGGER, Martin. *Sobre o humanismo*. Rio de Janeiro, Tempo Brasileiro, 1967.
75. JAKOBSON, Roman. *Lingüística e comunicação*. 2. ed. São Paulo, Cultrix, 1969.
76. KAYSER, Wolfgang. *Fundamentos da interpretação e da análise literária*. São Paulo, Livraria Acadêmica, Saraiva S/A Editora, 1948. 2 v.
77. LANGER, Susanne K. *Filosofia em nova chave*. São Paulo, Perspectiva, 1971.
78. LAURANO, Renzo. Leopardi e il Romanticismo. *Fiera letteraria*. Roma, 8 dez. 1963. p. 4.
79. LAUSBERG, Heinrich. *Elementos de retórica literária*. Lisboa, Fundação Calouste Gulbenkian, 1966.
80. LEOPARDI, Giacomo. *Canti*. A cura di Alessandro Donati. Bari, Laterza, 1917.
81. —————. *Canti*. Edizione critica ad opere di Francesco Moroncini. Bologna, Licinio, Cappelli, 1927. 2 v.
82. —————. *Canti*. Introduzione e note di Mario Fubini. Torino, Unione Tipografico - Editrice Torinese, 1930.
83. —————. *Canti*. Commentati da Alfredo Straccali. 3. ed. Firenze, Sansoni, 1946.

84. ——————. *Canti*. Introduzione e note di G. A. Levi. 5. ed. Firenze, "La Nuova Italia", 1953.
85. ——————. *Canti*. A cura di Francesco Flora. 10. ed. Milano, Mondadori, 1953.
86. ——————. *Canti*. Milano, Mondadori, 1957.
87. ——————. *Canti*. Introduzione e commento di Mario Fubini. Torino, Loescher, 1971.
88. LEVI, Guilio Augusto. "Classicismo e neoclassicismo." In: BOSCO, Umberto *et alii*. *Questioni e correnti di storia letteraria*. Milano, Carlo Marzorati Editore, 1949.
89. LIPPARINI, Giuseppe. *Crestomazia italiana*. Milano, Carlo Signorelli, 1946. 3 v.
90. MALAGOLI, Luigi. *Il grande Leopardi*. Firenze, La Nuova Italia, 1937.
91. ——————. *Leopardi*. Firenze, La Nuova Italia, 1960.
92. MATTOSO CÂMARA JR., J. *Princípios de lingüística geral*. 3. ed. Rio de Janeiro, Acadêmica, 1959.
93. ——————. O estruturalismo lingüístico. *Tempo Brasileiro*. Rio de Janeiro, *15/16*:5-42, 1969.
94. ——————. *Dicionário de filologia e gramática*. 4 ed. Rio de Janeiro, J. Ozon, 1970.
95. MAZZAMUTO, Pietro. *Rassegna bibliografico-critica della letteratura italiana*. 3. ed. Firenze, Le Monnier, 1956.
96. MERQUIOR, José Guilherme. "Os estilos históricos na literatura ocidental." In: PORTELLA, Eduardo *et alii*. *Teoria literária*. Rio de Janeiro, Tempo Brasileiro, 1975.
97. MOISÉS, Massaud. *A criação literária*. 6. ed. São Paulo, Melhoramentos, 1973.
98. MOLES, Abraham. *Teoria da informação e percepção estética*. Rio de Janeiro, Tempo Brasileiro, 1969.
99. MOMIGLIANO, Attilio. *Antologia della letteratura italiana*. 9. ed. Milano, Casa Editrice Giuseppe Principato, 1953. 3 v.
100. ——————. *Storia della letteratura italiana*. 8. ed. Milano, Casa Editrice Giuseppe Principato, 1954.
101. ORILLA, Salvatore. Leopardi e Rousseau. *Fiera letteraria*. Roma, 25 jan. 1960. p. 2.
102. PARENTE CUNHA, Helena. "Os gêneros literários." In: PORTELLA, Eduardo *et alii*. *Teoria literária*. Rio de Janeiro, Tempo Brasileiro, 1975.
103. PERUZZI, Emilio. "Spazio geometrico e spazio poetico." In: CORTI, Maria & SEGRE, Cesare. *I metodi attuali della critica in Italia*. Torino, Edizione RAI Televisione Italiana, 1973.
104. PESSOA, Fernando. "O cancioneiro." In: *Obra poética*. 3. ed. Rio de Janeiro, Aguilar, 1969.
105. PIGNATARI, Décio. *Informação. Linguagem. Comunicação*. São Paulo, Perspectiva, 1968.
106. PORTELLA, Eduardo. O Signo e os signos. *Tempo Brasileiro*. Rio de Janeiro, *29*:128-39, 1972.
107. ——————. *Teoria da comunicação literária*. 2. ed. Rio de Janeiro, Tempo Brasileiro, 1973.
108. ——————. *Fundamento da investigação literária*. Rio de Janeiro, Tempo Brasileiro, 1974.

109. POUND, Ezra. *ABC da literatura.* 2. ed. São Paulo, Cultrix, 1973.
110. RAMOS, Maria Luiza. *Fenomenologia da obra literária.* Rio de Janeiro, Forense, 1969.
111. REDI, Claudio. *Sintesi di letteratura italiana.* Milano, Bietti, 1971. 3 v.
112. RICHARD, Jean-Pierre. *Études sur le romantisme.* Paris, Seuil, 1970.
113. ROSENFELD, Anatol. "Aspectos do romantismo alemão." In: *Texto/contexto.* 2. ed. São Paulo, Perspectiva, 1973.
114. ─────. "Influências estéticas de Schopenhauer." In: *Texto/contexto.* 2. ed. São Paulo, Perspectiva, 1973.
115. ROSSI, Vittorio. *Storia della letteratura italiana.* Milano, Vallardi, 1935. 3 v.
116. RUSSO, Luigi. "La carriera poetica di Giacomo Leopardi." In: *Ritratti e disegni storici.* Dall'Alfieri al Leopaldi. 2. ed. Bari, Laterza, 1953.
117. SALVATORELLI, Luigi. *Sommario della storia d'Italia.* Torino, Einaudi, 1950.
118. SANSONE, Mario. *Storia della letteratura italiana.* 2. ed. Messina-Milano, Casa Editrice Giuseppe Principato, 1939.
119. SAPEGNO, Natalino. *Compendio di storia della letteratura italiana.* 2. ed. Firenze, "La Nuova Italia" Editrice, 1973. 3 v.
120. SARTRE, Jean-Paul. *A imaginação.* 3. ed. São Paulo, Difusão Européia do Livro, 1967.
121. SAUSSURE, Ferdinand de. *Cours de linguistique générale.* Paris, Payot, 1955.
122. SPITZER, Leo. *Linguística e historia literaria.* Madrid, Gredos, 1955.
123. SQUAROTTI, Giorgio Barberi. Studi leopardiani. *Fiera letteraria.* Roma, 9 jun. 1957. p. 8.
124. STAIGER, Emil. *Conceitos fundamentais da poética.* Rio de Janeiro, Tempo Brasileiro, 1969.
125. ─────. A arte da interpretação. *Humboldt.* Hamburgo, 9:10-32, 1964.
126. TODOROV, Tzvetan. *Théorie de la littérature.* Testes des formalistes russes. Paris, Seuil, 1965.
127. TOMACHEVSKI, B. "Thématique." In: TODOROV, Tzvetan. *Théorie de la littérature.* Paris, Seuil, 1965.
128. TONELLI, Luigi. *Leopardi.* Milano, Corbaccio, 1937.
129. UNGARETTI, Giuseppe. *L'allegria.* 3. ed. Milano, Mondadori, 1949.
130. VENE, Gian Franco. Leopardi e la luna. *Fiera letteraria.* Roma, 22 maio 1959. p. 4.
131. VOSSLER, Karl. *Historia de la literatura italiana.* Trad. de Manuel de Montoliu. 2. ed. Barcelona-Buenos Aires, Editorial Labor S.A., 1930.
132. WELLEK, René & WARREN, Austin. *Teoria literaria.* Madrid, Gredos, 1959.
133. WELLEK, René. Los críticos italianos. In: *Historia de la crítica moderna.* El Romanticismo. Madrid, Gredos, 1962.
134. ZOTTOLI, Angelandrea. *Leopardi.* Storia di un'anima. 2. ed. Bari, Laterza, 1947.

COLEÇÃO DEBATES

1. *A Personagem de Ficção*, Antonio Candido e outros.
2. *Informação, Linguagem, Comunicação*, Décio Pignatari.
3. *Balanço da Bossa e Outras Bossas*, Augusto de Campos.
4. *Obra Aberta*, Umberto Eco.
5. *Sexo e Temperamento*, Margaret Mead.
6. *Fim do Povo Judeu?*, Georges Friedmann.
7. *Texto/Contexto*, Anatol Rosenfeld.
8. *O Sentido e a Máscara*, Gerd A. Borheim.
9. *Problemas da Física Moderna*, W. Heisenberg, E. Schrödinger, M. Born e P. Auger.
10. *Distúrbios Emocionais e Anti-Semitismo*, N. W. Ackerman e M. Jahoda.
11. *Barroco Mineiro*, Lourival Gomes Machado.
12. *Kafka: Pró e Contra*, Günther Anders.
13. *Nova História e Novo Mundo*, Frédéric Mauro.
14. *As Estruturas Narrativas*, Tzvetan Todorov.
15. *Sociologia do Esporte*, Georges Magnane.

16. *A Arte no Horizonte do Provável*, Haroldo de Campos.
17. *O Dorso do Tigre*, Benedito Nunes.
18. *Quadro da Arquitetura no Brasil*, Nestor G. Reis Filho.
19. *Apocalípticos e Integrados*, Umberto Eco.
20. *Babel & Antibabel*, Paulo Rónai.
21. *Planejamento no Brasil*, Betty Mindlin Lafer.
22. *Lingüística. Poética. Cinema*, Roman Jakobson.
23. *LSD*, John Cashman.
24. *Crítica e Verdade*, Roland Barthes.
25. *Raça e Ciência I*, Juan Comas e outros.
26. *Shazam!*, Álvaro de Moya.
27. *Artes Plásticas na Semana de 22*, Aracy Amaral
28. *História e Ideologia*, Francisco Iglésias.
29. *Peru: da Oligarquia Econômica à Militar*, A. Pedroso d'Horta.
30. *Pequena Estética*, Max Bense.
31. *O Socialismo Utópico*, Martin Buber.
32. *A Tragédia Grega*, Albin Lesky.
33. *Filosofia em Nova Chave*, Susanne K. Langer.
34. *Tradição, Ciência do Povo*, Luís da Câmara Cascudo.
35. *O Lúdico e as Projeções do Mundo Barroco*, Affonso Ávila.
36. *Sartre*, Gerd A. Borheim.
37. *Planejamento Urbano*, Le Corbusier.
38. *A Religião e o Surgimento do Capitalismo*, R. H. Tawney.
39. *A Poética de Maiakóvski*, Boris Schnaiderman.
40. *O Visível e o Invisível*, M. Merleau-Ponty.
41. *A Multidão Solitária*, David Reisman.
42. *Maiakóvski e o Teatro de Vanguarda*, A. M. Ripellino.
43. *A Grande Esperança do Século XX*, J. Fourastié.
44. *Contracomunicação*, Décio Pignatari.
45. *Unissexo*, Charles F. Winick.
46. *A Arte de Agora, Agora*, Herbert Read.
47. *Bauhaus: Novarquitetura*, Walter Gropius.
48. *Signos em Rotação*, Octavio Paz.
49. *A Escritura e a Diferença*, Jacques Derrida.
50. *Linguagem e Mito*, Ernst Cassirer.
51. *As Formas do Falso*, Walnice N. Galvão.
52. *Mito e Realidade*, Mircea Eliade.
53. *O Trabalho em Migalhas*, Georges Friedmann.
54. *A Significação no Cinema*, Christian Metz.
55. *A Música Hoje*, Pierre Boulez.
56. *Raça e Ciência II*, L. C. Dunn e outros.
57. *Figuras*, Gérard Genette.
58. *Rumos de uma Cultura Tecnológica*, Abraham Moles.
59. *A Linguagem do Espaço e do Tempo*, Hugh M. Lacey.
60. *Formalismo e Futurismo*, Krystyna Pomorska.
61. *O Crisântemo e a Espada*, Ruth Benedict.
62. *Estética e História*, Bernard Berenson.
63. *Morada Paulista*, Luís Saia.
64. *Entre o Passado e o Futuro*, Hannah Arendt.
65. *Política Científica*, Heitor G. de Souza, Darcy F. de Almeida e Carlos Costa Ribeiro.
66. *A Noite da Madrinha*, Sergio Miceli.
67. *1822: Dimensões*, Carlos Guilherme Mota e outros.
68. *O Kitsch*, Abraham Moles.

69. *Estética e Filosofia*, Mikel Dufrenne.
70. *O Sistema dos Objetos*, Jean Baudrillard.
71. *A Arte na Era da Máquina*, Maxwell Fry.
72. *Teoria e Realidade*, Mario Bunge.
73. *A Nova Arte*, Gregory Battcock.
74. *O Cartaz*, Abraham Moles.
75. *A Prova de Gödel*, Ernest Nagel e James R. Newman.
76. *Psiquiatria e Antipsiquiatria*, David Cooper.
77. *A Caminho da Cidade*, Eunice Ribeiro Durhan.
78. *O Escorpião Encalacrado*, Davi Arrigucci Júnior.
79. *O Caminho Crítico*, Northrop Frye.
80. *Economia Colonial*, J. R. Amaral Lapa.
81. *Falência da Crítica*, Leyla Perrone Moisés.
82. *Lazer e Cultura Popular*, Joffre Dumazedier.
83. *Os Signos e a Crítica*, Cesare Segre.
84. *Introdução à Semanálise*, Julia Kristeva.
85. *Crises da República*, Hannah Arendt.
86. *Fórmula e Fábula*, Willi Bolle.
87. *Saída, Voz e Lealdade*, Albert Hirschman.
88. *Repensando a Antropologia*, E. R. Leach.
89. *Fenomenologia e Estruturalismo*, Andrea Bonomi.
90. *Limites do Crescimento*, Donella H. Meadows e outros (Clube de Roma).
91. *Manicômios, Prisões e Conventos*, Erving Goffman.
92. *Maneirismo: O Mundo como Labirinto*, Gustav R. Hocke.
93. *Semiótica e Literatura*, Décio Pignatari.
94. *Cozinhas, etc.*, Carlos A. C. Lemos.
95. *As Religiões dos Oprimidos*, Vittorio Lanternari.
96. *Os Três Estabelecimentos Humanos*, Le Corbusier.
97. *As Palavras sob as Palavras*, Jean Starobinski.
98. *Introdução à Literatura Fantástica*, Tzvetan Todorov.
99. *Significado nas Artes Visuais*, Erwin Panofsky.
100. *Vila Rica*, Sylvio de Vasconcellos.
101. *Tributação Indireta nas Economias em Desenvolvimento*, J. F. Due.
102. *Metáfora e Montagem*, Modesto Carone.
103. *Repertório*, Michel Butor.
104. *Valise de Cronópio*, Julio Cortázar.
105. *A Metáfora Crítica*, João Alexandre Barbosa.
106. *Mundo, Homem, Arte em Crise*, Mário Pedrosa.
107. *Ensaios Críticos e Filosóficos*, Ramón Xirau.
108. *Do Brasil à América*, Frédéric Mauro.
109. *O Jazz, do Rag ao Rock*, Joachim E. Berendt.
110. *Etc..., Etc... (Um Livro 100% Brasileiro)*, Blaise Cendrars.
111. *Território da Arquitetura*, Vittorio Gregotti.
112. *A Crise Mundial da Educação*, Philip H. Coombs.
113. *Teoria e Projeto na Primeira Era da Máquina*, Reyner Banham.
114. *O Substantivo e o Adjetivo*, Jorge Wilheim.
115. *A Estrutura das Revoluções Científicas*, Thomas S. Kuhn.
116. *A Bela Época do Cinema Brasileiro*, Vicente de Paula Araújo.
117. *Crise Regional e Planejamento*, Amélia Cohn.
118. *O Sistema Político Brasileiro*, Celso Lafer.

119. *Êxtase Religioso*, I. Lewis.
120. *Pureza e Perigo*, Mary Douglas.
121. *História, Corpo do Tempo*, José Honório Rodrigues.
122. *Escrito sobre um Corpo*, Severo Sarduy.
123. *Linguagem e Cinema*, Christian Metz.
124. *O Discurso Engenhoso*, Antonio José Saraiva.
125. *Psicanalisar*, Serge Leclaire.
126. *Magistrados e Feiticeiros na França do Século XVII*, R. Mandrou.
127. *O Teatro e sua Realidade*, Bernard Dort.
128. *A Cabala e seu Simbolismo*, Gershom G. Scholem.
129. *Sintaxe e Semântica na Gramática Transformacional*, A. Bonomi e G. Usberti.
130. *Conjunções e Disjunções*, Octavio Paz.
131. *Escritos sobre a História*, Fernand Braudel.
132. *Escritos*, Jacques Lacan.
133. *De Anita ao Museu*, Paulo Mendes de Almeida.
134. *A Operação do Texto*, Haroldo de Campos.
135. *Arquitetura, Industrialização e Desenvolvimento*, Paulo J. V. Bruna.
136. *Poesia-Experiência*, Mário Faustino.
137. *Os Novos Realistas*, Pierre Restany.
138. *Semiologia do Teatro*, J. Guinsburg e J. Teixeira Coelho Netto.
139. *Arte-Educação no Brasil*, Ana Mae T. B. Barbosa.
140. *Borges: Uma Poética da Leitura*, Emir Rodríguez Monegal.
141. *O Fim de uma Tradição*, Robert W. Shirley.
142. *Sétima Arte: Um Culto Moderno*, Ismail Xavier.
143. *A Estética do Objetivo*, Aldo Tagliaferri.
144. *A Construção do Sentido na Arquitetura*, J. Teixeira Coelho Netto.
145. *A Gramática do Decamerão*, Tzvetan Todorov.
146. *Escravidão, Reforma e Imperialismo*, R. Graham.
147. *História do Surrealismo*, M. Nadeau.
148. *Poder e Legitimidade*. José Eduardo Faria.
149. *Práxis do Cinema*, Noel Burch.
150. *As Estruturas e o Tempo*, Cesare Segre.
151. *A Poética do Silêncio*, Modesto Carone.
152. *Planejamento e Bem-Estar Social*, Henrique Rattner.
153. *Teatro Moderno*, Anatol Rosenfeld.
154. *Desenvolvimento e Construção Nacional*, S. N. Eisenstadt.
155. *Uma Literatura nos Trópicos*, Silviano Santiago.
156. *Cobra de Vidro*, Sérgio Buarque de Holanda.
157. *Testando o Leviathan*, Antonia Fernanda Pacca de Almeida Wright.
158. *Do Diálogo e do Dialógico*, Martin Buber.
159. *Ensaios Lingüísticos*, Louis Hjelmslev.
160. *O Realismo Maravilhoso*, Irlemar Chiampi.
161. *Tentativas de Mitologia*, Sérgio Buarque de Holanda.
162. *Semiótica Russa*, Boris Schnaiderman.
163. *Salões, Circos e Cinema de São Paulo*, Vicente de Paula Araújo.
164. *Sociologia Empírica do Lazer*, Joffre Dumazedier.
165. *Física e Filosofia*, Mário Bunge.
166. *O Teatro Ontem e Hoje*, Célia Berrettini.

167. *O Futurismo Italiano*, Org. Aurora Fornoni Bernardini.
168. *Semiótica, Informação e Comunicação*, J. Teixeira Coelho Netto.
169. *Lacan: Operadores da Leitura*, Americo Vallejo.
170. *Dos Murais de Portinari aos Espaços de Brasília*, Mário Pedrosa.
171. *O Lírico e o Trágico em Leopardi*, Helena Parente Cunha.
172. *A Criança e a FEBEM*, Marlene Guirado.
173. *Arquitetura Italiana em São Paulo*, Anita Salmoni e E. Debenedetti.
174. *Feitura das Artes*, José Neistein.
175. *Oficina: Do Teatro ao Te-Ato*, Armando Sérgio da Silva.
176. *Freud: A Trama dos Conceitos*, Renato Mezan.

Este livro foi impresso na

POLIGRÁFICA LTDA.
Av. Guilherme Cotching, 580 - S. Paulo
Tels.: 291-7811
Com filmes fornecidos pela Editora